**Solidão
essencial**

B691s Bollas, Christopher.
　　　　Solidão essencial : palestras de Roma sobre
　　　Winnicott / Christopher Bollas ; tradução: Marcos Viola
　　　Cardoso ; revisão técnica: Cátia Olivier Mello. – Porto
　　　Alegre : Artmed, 2025.
　　　　viii, 160 p. ; 23 cm.

　　　　ISBN 978-65-5882-269-1

　　　　1. Psicanálise. I. Título.

　　　　　　　　　　　　　　　　　　　　　CDU 159.964.2

Catalogação na publicação: Karin Lorien Menoncin – CRB 10/2147

Christopher
Bollas

Solidão essencial

[Palestras de Roma sobre]
Winnicott

Tradução:
Marcos Viola Cardoso

Revisão técnica:
Cátia Olivier Mello
Psicóloga. Professora e supervisora do Centro de Estudos, Atendimento e Pesquisa da Infância e Adolescência (CEAPIA). Psicanalista de crianças, adolescentes e adultos pela International Psychoanalytical Association (IPA) e membro efetivo da Sociedade Psicanalítica de Porto Alegre (SPPA). Mestra em Psicologia do Desenvolvimento pela Universidade Federal do Rio Grande do Sul (UFRGS).

Porto Alegre
2025

Obra originalmente publicada sob o título *Essential Aloneness: Rome Lectures on DW Winnicott*, 1st Edition

ISBN 9780197683880

Copyright © Christopher Bollas 2024

This translation is published by arrangement with Oxford University Press. Grupo A is solely responsible for this translation from the original work and Oxford University Press shall have no liability for any errors, omissions or inaccuracies or ambiguities in such translation or for any losses caused by reliance thereon.

Coordenadora editorial
Cláudia Bittencourt

Capa
Tatiana Sperhacke

Preparação de originais
Marcela Bezerra Meirelles

Leitura final
Carla Paludo

Editoração e projeto gráfico
TIPOS – design editorial e fotografia

Reservados todos os direitos de publicação, em língua portuguesa, ao GA EDUCAÇÃO LTDA.
(Artmed é um selo editorial do GA EDUCAÇÃO LTDA.)
Rua Ernesto Alves, 150 – Bairro Floresta
90220-190 – Porto Alegre, RS
Fone: (51) 3027-7000
SAC 0800 703 3444 www.grupoa.com.br

É proibida a duplicação ou reprodução deste volume, no todo ou em parte, sob quaisquer formas ou por quaisquer meios (eletrônico, mecânico, gravação, fotocópia, distribuição na Web e outros), sem permissão expressa da Editora.

IMPRESSO NO BRASIL
PRINTED IN BRAZIL

Autor

Christopher Bollas, Ph.D., é um dos principais teóricos da psicanálise. Foi professor de Inglês da University of Massachusetts de 1983 a 1987, professor visitante de Psicanálise da Università La Sapienza di Roma de 1978 a 1998, diretor de Educação do Austen Riggs Center, em Stockbridge, Massachusetts, de 1984 a 1987, e professor visitante em diversas universidades no Reino Unido e nos Estados Unidos.

Sumário

Introdução		1
1	Solidão	5
2	Vivendo com... o outro	13
3	Verdadeiro *self*	25
4	Tornando-se uma realidade viva	31
5	Falso *self*	35
6	Sobre celebração e crueldade	41
7	Objetos transicionais	49
8	Os usos da ilusão	57
9	Comunicação/não comunicação	61
10	Ser e espaço potencial	67
11	Relacionamento com objetos	77

12	■	O uso de um objeto	87
13	■	A vitalidade da agressão	93
14	■	Moral	103
15	■	Brincar e criatividade	113
16	■	Questões	121
17	■	Discussão de casos	139

Bibliografia de Winnicott — 151

Índice — 153

Introdução

As palestras aqui reunidas foram apresentadas em 1986 e 1987 para funcionários, estudantes e público em geral no Istituto di Neuropsichiatria Infantile, da Universidade de Roma, onde fui professor visitante de psicanálise no programa de treinamento em psicoterapia infantil.

O Istituto era chamado tanto pelos moradores da cidade quanto pelos visitantes de "Via Sabelli", em referência à rua onde se encontrava. Fui um dos vários psicanalistas britânicos, que incluíam Francis Tustin e Paula Heimann, visitantes regulares do Istituto nas décadas de 1970 e 1980. A conexão com o Reino Unido começou por meio de ligações estabelecidas pelo Dr. Andreas Giannakoulas, que havia sido treinado na British Society. O coração e a alma desse programa estavam enraizados no gênio do Dr. Adriano Giannotti, que reuniu uma equipe notável com muitos psicanalistas.

Os italianos já haviam adotado as ideias de Winnicott no início da década de 1950, em grande parte devido ao patrocínio intelectual de Eugenio e Renata Gaddini, que conheciam Winnicott e estavam envolvidos intermitentemente com a Via Sabelli. Minhas palestras foram para um público que não era somente versado em Winnicott, mas que também *usava* suas ideias. As áreas de pensamento dele que selecionei eram especialmente relevantes para o trabalho clínico, e eu queria abordar questões que ligavam a teoria à prática. Os tópicos se concentravam em questões que surgiram dos escritos do autor, questões que pareciam ter permanecido congeladas no tempo. Winnicott simplesmente não tinha o suficiente na época para justificar todos os seus pontos (quem tem?). Então, discutimos assuntos como modos de facilitar a identificação do verdadeiro *self* nas sessões, como identificar um colapso no verdadeiro *self* e como abordar os padrões estabelecidos entre a mãe e a criança.

Embora estivéssemos estudando os escritos de Winnicott há anos, Giannotti decidiu que deveríamos dedicar alguns anos à identificação de axiomas clínicos cruciais que ajudariam os psicanalistas a mudar sua prática. Todos nós fomos inspirados por Winnicott, mas o que poderíamos fazer de diferente em nosso trabalho considerando os pontos de vista dele?

Nossos dias começavam com uma apresentação clínica matinal. Ela era aberta àqueles que estavam fazendo o treinamento de psicoterapia infantil, bem como a membros da equipe e a outros profissionais da saúde mental interessados. A discussão clínica se estendia ao longo do dia e inevitavelmente adentrava a palestra da tarde, que também estava aberta a pessoas admitidas como convidadas. Às sextas-feiras, eu dava uma palestra à noite que era aberta ao público.

As apresentações clínicas não são reproduzidas aqui, embora eu inclua fragmentos de nossa discussão de alguns casos, bem como perguntas do público. Muitas vezes, fazia ajustes na aula seguinte com base nessas perguntas. Dessa forma, pude me adaptar aos interesses do público, e estes se tornaram uma parte vital dessa colaboração. As perguntas incluídas no presente texto ajudarão a dar ao leitor uma impressão do público e da participação dele.

As palestras aqui apresentadas variam em duração por vários motivos. Ideias com as quais lidamos em ocasiões anteriores, como a discussão sobre o verdadeiro *self*, podem ter sido abordadas com pouca profundidade, e algumas palestras foram transcritas de forma inadequada ou tiveram seu material perdido. No entanto, decidiu-se incluir essas palestras encurtadas e permitir que elas se mantivessem como estão. Por mais tentador que fosse intervir nelas e expandi-las, isso violaria meu compromisso de não editar as palestras. Por fim, elas frequentemente terminavam de forma abrupta em um tópico evocativo, estratégia para gerar reflexões nos estudantes. A melhor maneira de fazer isso era dar espaço a eles com seus próprios pensamentos.

Ao revisitar essas palestras, cerca de 35 anos após realizá-las, fiz apenas algumas pequenas mudanças sintáticas. Não faço comentários sobre elas, poupando assim a mim e ao leitor de intrusões do futuro.

Essas palestras não se destinam, de forma alguma, a serem aulas abrangentes sobre Winnicott. Já existem muitos livros sobre ele, incluindo uma nova edição de suas obras completas publicadas pela Oxford University Press. Cada um dos volumes dessa coletânea tem uma extensa introdução que situa a obra de Winnicott em um contexto histórico. Esses comentários são inestimáveis para acompanhar a progressão das suas ideias, que estavam em constante evolução e mudança.

Há muitos ensaios bons sobre o trabalho de Winnicott que corroboram esse "uso de um objeto". Para mim, o pequeno livro de Adam Phillips sobre Winnicott continua sendo a melhor introdução ao seu pensamento, e o notável dicionário de Winnicott, de Jan Abrams, fornece ao aluno uma discussão completa de muitas de suas ideias.

Os leitores familiarizados com a escrita de Winnicott notarão que as palestras também, invariavelmente, acabam adentrando discussões de questões de especial interesse para mim, incluindo conceitos que circulavam em meus próprios escritos na época, como a do objeto transformacional, a do conhecido impensado e a da teoria das relações objetais. Aqueles que não estão familiarizados com o meu trabalho podem aprender mais sobre ele no livro de Sarah Nettleton *Metapsychology of Christopher Bollas: an introduction*.*

Ao longo de quatro décadas de visitas a Roma, de 1977 a 2018, fui muito bem recebido por diversas pessoas. Gostaria de agradecer prin-

∎
---
* London, Routledge (2017). [N. de R. T. Publicado em português sob o título *A metapsicologia de Christopher Bollas: uma introdução*.]

cipalmente a Vincenzo Bonaminio, Marco-Lombardo Ridice, Anna Bouvet-Chagall, Elena Natale, Anna e Peter Hobart, e Giuliana de Astis.

Sou especialmente grato a Daniela Molina, minha incansável tradutora do italiano.

Agradeço a Daniel Schwartz, diretor médico do Austen Riggs Center, em Stockbridge, Massachusetts, onde fui diretor de educação em meados da década de 1980, por apoiar estas palestras a longa distância. Também agradeço a Betty Homich, minha secretária no Austen Riggs Center, que trabalhou incansavelmente para transcrevê-las de fitas para páginas.

Obrigado também a Arne Jemstedt, de Estocolmo, e Ed Corrigan, de Nova York, que leram estas palestras e me incentivaram a publicá-las, e a Sarah Nettleton, cujos comentários editoriais e assistência foram inestimáveis.

Por fim, agradeço a Suzanne Bollas, pela extensa tarefa de digitar a versão transcrita em um computador moderno.

Livros de Winnicott citados

Human nature. London, Free Association Books, 1988. **(HN)***
Deprivation and delinquency. London and New York, Tavistock, 1984. **(DD)****
The maturational processes and the facilitating environment. London, Hogarth, 1972. **(MP)*****
Through paediatrics to psycho-analysis. London, Hogarth, 1975. **(TP)******
Playing and reality. London, Tavistock, 1971. **(PR)*******

---

* N. de R. T. Publicado em português sob o título *Natureza humana*.
** N. de R. T. Publicado em português sob o título *Privação e delinquência*.
*** N. de R. T. Publicado em português sob o título *O ambiente e os processos de maturação*.
**** N. de R. T. Publicado em português sob o título *Da pediatria à psicanálise*.
***** N. de R. T. Publicado em português sob o título *O brincar e a realidade*.

1

Solidão

Hoje trouxe comigo o livro "secreto" de Winnicott,* que vamos publicar pela primeira vez no próximo ano. Como vocês sabem, ele escreveu muitos artigos e ensaios que foram reunidos e publicados em volumes, mas, desde 1954 até sua morte, em 1971, ele também estava escrevendo este livro, um segredo que manteve apenas para si e para sua esposa. Ele o chamava de "Fundamentos", e muitas vezes mergulhava nele antes de dar uma palestra no rádio ou em algum outro lugar.

Começarei lendo esse livro, pois há seções fascinantes sobre as reflexões dele acerca da solidão essencial – a solidão da criança em estado de pré-dependência – baseadas em um conceito que chamo de conhecido não pensado: algo que é *sabido*, mas que ainda não foi *pensado*. Estou interessado na maneira como uma criança internaliza experiências que, embora não representadas mentalmente, são armazenadas no ego e se tornam uma forma de conhecimento. Winnicott pergunta: "Qual é o estado do indivíduo humano à medida que o ser emerge do não-ser?" (HN131) – uma pergunta que Heidegger poderia fazer, mas,

---

* Atualmente publicado como *Human nature*. London, Free Associations, 1988. [N. de R. T. Publicado em português sob o título *Natureza humana*.]

neste caso, é oferecida por um psicanalista-pediatra, que observa bebês emergindo de um estado anterior à existência. Winnicott continua:

> Exceto no início, essa solidão fundamental e inerente nunca é reproduzida exatamente da mesma forma. No entanto, ao longo da vida de um indivíduo, continua uma solidão inalterável, inerente e fundamental, junto com a qual está o desconhecimento das condições que são essenciais para o estado de solidão. (HN132)

Ele descreve uma condição que deve ser mantida pelo ato de provisão da mãe, que apoia a solidão positiva. Se essa solidão não for permitida, algo se perde. A solidão é um estado essencial.

> A maior parte do que é comumente dito e sentido sobre a morte é sobre esse primeiro estado *anterior à vivacidade*, em que a solidão é um fato, e muito antes da dependência ser encontrada. A vida de um indivíduo é um intervalo entre dois estados de não vivacidade. O primeiro deles, do qual surge a vivacidade, influencia as ideias que as pessoas têm sobre o segundo, a morte. (HN132)

Poderíamos dizer que o feto evolui da não vivacidade para a solidão essencial; uma transição, lembrada em nosso inconsciente, que informa nossa visão sobre a vida e a morte. Podemos ver a morte como um retorno inevitável à solidão essencial ou podemos considerá-la uma aniquilação horrível e caótica. Winnicott sugere que nossa relação com a morte é baseada na transição da não vivacidade para a solidão essencial. Aqui ele cita Freud:

> Freud falou do estado inorgânico do qual cada indivíduo emerge e ao qual cada um retorna e, a partir

> dessa ideia, formulou sua ideia das pulsões de Vida e Morte. É evidente a genialidade de Freud em apresentar esse fato óbvio e sugerir que havia uma verdade oculta nele. (HN132)

Ele continua:

> ... esse estado que surge antes que a dependência possa ser reconhecida, sendo a dependência uma confiabilidade absoluta; esse estado muito anterior ao instinto e ainda mais afastado da capacidade de sentir culpa. O que poderia ser mais natural do que esse estado que foi experimentado ser resgatado na explicação desconhecida sobre a morte que vem após a vida? (HN133)

A ideia de que a solidão é anterior à dependência e ao instinto faz uma distinção importante. A natureza fundamental do ser precede a experiência do objeto e a demanda urgente dos instintos. O ser precede a dependência do objeto, o relacionamento com o objeto e a vida instintiva.

O ser precede a existência!

Isso traz à mente a afirmação de Freud de que os instintos exigem que a mente trabalhe. A teoria das relações de objeto acrescentou que o mundo dos objetos faz uma demanda semelhante. Podemos agora adicionar outra dimensão, parte do conhecido não pensado, se concluirmos que a solidão também demanda trabalho de uma mente curiosa.

Winnicott sustenta que um bom nascimento é baseado em uma ilusão: a suposição da criança de que sua agressão cria o seu nascimento. Existe uma ligação crucial entre o ser e a agressão. Esta traduz o "ser" para a "vivacidade", sendo tal tradução vital para a formação do indivíduo. "Se, por outro lado, não houver nenhum elemento agressivo", escreve ele,

> no impulso do amor primitivo, mas apenas raiva da frustração, e se, portanto, a mudança da crueldade para a preocupação não tem importância, então é necessário procurar uma teoria alternativa de agressão, e a Pulsão de Morte deve ser reexaminada. (HN134)

Winnicott fala sobre uma capacidade de experiência que se baseia na existência fetal. Ele sustenta que, enquanto um bebê pós-maturo mostra evidências de ter ficado tempo demais no útero, o bebê prematuro parece ter baixa capacidade de experiência como ser humano. O feto armazena a experiência e, portanto, há em todos os seres humanos memórias da vida fetal.

Estamos familiarizados com o conceito de Winnicott de continuidade do ser, a condição necessária para uma evolução bem-sucedida do verdadeiro *self*, e como o autor distingue a continuidade do ser a partir da reação a intrusões. Embora o ambiente seja muito importante, as intrusões em si não são intrinsecamente traumáticas. Não é o ambiente que cria um trauma, mas a *reação* do bebê à intrusão que pode ser traumática.

Winnicott acredita que as influências ambientais começam muito cedo no estado intrauterino e que influenciam quanto o bebê sairá em busca de experiência ou escolherá se retirar do mundo. Antes do nascimento, a criança se acostuma a interrupções do ser; então, no momento do nascimento em si, ela já se acostumou às intrusões: as intrusões de pressão, temperatura, som e muitas outras coisas.

Na vida fetal há preparação para o nascimento, e traumas comuns são essenciais para um "bom nascimento". A termo, já existe um ser humano no útero, e esse ser humano é capaz de vivenciar e acumular memórias corporais dessas experiências e de organizar defesas em relação a determinados desafios. Os fetos nascem com diferentes capacidades para o que Winnicott chama de "a grande mudança" de não ter nascido até o nascimento.

O parto normal tem três características. Em primeiro lugar, é uma interrupção grosseira da continuidade do ser, mas o bebê já acumulou experiências de impactos e, portanto, está pronto. Em segundo lugar, a criança acumulou memórias de sensações e impulsos que se tornam autofenômenos, uma vez que pertencem a um período de ser, e não a um período de reagir. Uma vez que o sentido de *self* surge por meio da continuidade do ser, o feto já está vivenciando o *self*, e esse sentido é uma organização que será útil na negociação do trauma do nascimento. A terceira característica de um parto normal é que ele não deve ser prematuro nem prolongado. Winnicott faz muitas referências aos efeitos traumáticos dessas duas eventualidades.

Como já mencionei, ele acredita que a criança tem uma ilusão sensorial de que ela cria seu próprio nascimento. Então ele diz que devemos buscar um nascimento que seja bom o suficiente do ponto de vista da *criança*. Algo que não seja excessivamente impactante; algo produzido pelos impulsos do bebê por movimento e mudança, que brotam diretamente da vivacidade dele.

Winnicott enfatiza a transição da não vivacidade para a vivacidade, e uma parte da teoria do verdadeiro *self* nos leva a uma outra distinção: entre o ser e sentir-se vivo. O sentir-se vivo está associado a agressão e a movimento. Ser e sentir-se vivo são compatíveis, mas não são a mesma coisa. Poderíamos dizer que uma criança que "pensasse" que simplesmente "ser" foi o que criou seu nascimento seria, de fato, uma criança gravemente perturbada. É possível que alguns transtornos narcisistas possam ser atribuídos à sensação de que puramente "ser" é o suficiente e que a existência viva deve simplesmente emergir desse puro ser.

E a experiência do tempo?

Alguns bebês não nascem na hora certa, e Winnicott acredita que, como resultado disso, podemos encontrar uma base clínica para o interesse intelectual de alguns indivíduos pelo tempo e pelo que ele chama de "senso temporal". Há algumas pessoas que, se precisam ir a um aeroporto, necessitam chegar lá três horas antes da partida do avião. Outros chegam cinco minutos antes da partida; e depois, é claro, há aqueles que chegam após o voo ter partido. Não há como estudar se há uma relação entre prematuridade ou prolongamento do nascimento e a aplicação de um senso temporal, mas essa é uma ideia interessante.

Em seus "Fundamentos", Winnicott recomenda que se permita que a criança tenha contato imediato com a mãe: que deite pelada no colo da mãe. Isso é necessário porque o recém-nascido precisa da continuidade de se reconectar com a respiração da mãe e com os batimentos cardíacos dela. Os bebês têm frequência respiratória comum (uma respiração a cada quatro batimentos cardíacos), e Winnicott sugere que essa respiração comum é uma experiência central fundamental. O bebê brinca com sua própria frequência respiratória, fazendo ritmos cruzados entre respiração e frequência cardíaca, tanto em si mesmo quanto em relação à mãe.

Na passagem a seguir, Winnicott fala sobre um caos primário do qual todos nós emergimos:

> Não é necessário postular um estado original de caos. O caos é um conceito que carrega consigo a ideia de ordem; e a escuridão também não está lá no início, uma vez que a escuridão implica luz. No início, antes que cada indivíduo crie um novo mundo, há um simples estado de ser e uma consciência crescente da continuidade do ser e da continuidade da existência no tempo. (HN135)

Ele continua:

> O caos se torna significativo exatamente quando é discernido de algum tipo de ordem. Ele representa uma alternativa à ordem e, no momento em que o

próprio caos pode ser sentido pelo indivíduo, ele já se tornou uma espécie de ordem, um estado que pode se organizar em defesa contra a ansiedade associada à ordem. (HN135)

Deixe-me explicar o que acho que ele quer dizer. É claro que entendemos que, se o caos causado pelo trauma se tornar excessivo, uma quantidade de caos será internalizada como parte do *self* da criança. Ele torna-se uma alternativa à ordem no momento em que o bebê está começando a sentir a diferença entre ordem e caos.

Pensemos por um momento na personalidade *borderline*, na qual o caos pode ser utilizado defensivamente contra a ordem. O pensamento intenso e caótico do paciente *borderline* pode ser uma defesa contra a ansiedade da estrutura ordenada da culpa.

Para retornar a Winnicott,

> O caos ganha um novo significado em relação à ordem, que é chamado de integração. [...] Cada forma de caos contribui para o caos que pertence aos estágios subsequentes, e a recuperação do caos em um estágio inicial dá uma contribuição positiva para se recuperar dele mais tarde. (HN135-6)

Vemos novamente como a experiência caótica, resultante dos efeitos dos traumas, é necessária para a formação da realidade emocional. Podemos agora fazer distinções entre ser e sentir-se vivo e a realidade emocional, que se liga à psique. Podemos observar que algo como o caos é necessário para um nascimento suficientemente bom. Sem dúvida, haverá um grau de caos no ambiente que só pode resultar em um estado defensivo caótico do indivíduo. Isso pode ter um resultado difícil de distinguir clinicamente do defeito mental característico de problemas no tecido cerebral. O defeito resulta, nesse caso, em um atraso permanente de desenvolvimento que data de um estágio muito inicial. O caos do mundo interior é um fenômeno muito posterior.

2

Vivendo com... o outro*

Vamos começar pensando na gravidez. Entre outras coisas, a gravidez é uma experiência de aprendizagem psicobiológica na qual a mãe gradualmente se torna um tanto indefesa. Esse desamparo não é simplesmente psicológico: no terceiro trimestre, ela pode estar tão pesada que pode ser difícil se levantar de uma cadeira. Pode ser difícil para ela manter o equilíbrio para descer escadas. O sono é difícil, e ela pode acordar várias vezes durante a noite, assim como alguém que logo estará acordando de madrugada.

A gravidez prepara a mãe para se identificar com o bebê recém-nascido, logo, uma mãe que se sente desamparada pode, na verdade, estar se preparando para ser uma mãe suficientemente boa. Sentir-se vulnerável, chorosa e excessivamente dependente do parceiro pode deixá-la mais sintonizada com o estado infantil de ser.

Podemos vincular as múltiplas funções da gravidez com a teoria da "preocupação materna primária" de Winnicott. Esse é um estado especial da mãe que se refere à concentração dela em seu bebê nas semanas antes e após o nascimento dele.

---

* N. de R. T. No original M(other). Há um jogo com as palavras "other" e "mother", que, em português, não tem equivalência.

Se ela teve uma gravidez suficientemente boa e se ela foi aprendendo de maneira gradual o que é ser uma criança, então a chegada do bebê completa a própria regressão infantil da mãe. O nascimento coincide com o surgimento da parte infantil da mãe, e, por duas ou três semanas, há intensa identificação com o bebê.

É importante para entender a capacidade de *"holding"* da mãe em relação ao bebê que ela acesse a própria capacidade, durante a gravidez, de fazer uso de seu parceiro ou de seu marido como *"holding"*. Uma mãe grávida pode buscar seu marido e seus amigos próximos para desenvolver alguma forma de cuidado? Em casos de psicose puerperal, a nova mãe pode ter estado tão preocupada com as características autísticas da gravidez que pode não conseguir buscar ou encontrar no marido apoio para a existência dependente. Desse modo, ela não consegue ter nenhuma experiência de recuperação da dependência, com base em um trabalho de facilitação e na presença do outro.

Muitas vezes, ao discutir o que Winnicott chama de "ambiente de *holding*", ele enfatiza o fato da dependência. Ele tinha a opinião de que esse fato não havia sido inserido na teoria da psicanálise após o tempo de Freud. Em outras palavras, o bebê é verdadeiramente dependente da mãe, não apenas pela existência física dele como também pela qualidade de sua vida.

Winnicott foi, em muitos aspectos, crítico a respeito da proposição kleiniana de que a mãe é significativa apenas na medida em que ela existe para o bebê como criação de sua projeção. É claro que ela não é simplesmente a invenção das fantasias da criança. Ela existe, tem sua própria personalidade e organiza sua própria linguagem de cuidado materno, que tem um efeito egoestruturante em seu bebê. Do ponto de vista de Winnicott, a qualidade dos cuidados dela é crucial para o bem-estar emocional do bebê.

Uma das tarefas da mãe na manutenção do ambiente de *holding* é manter um senso ininterrupto de tempo. Isso permite que a criança experimente o máximo de seu próprio ser. A continuidade do ser é o fio dinâmico vital para a evolução do *self*. Para manter isso, a mãe deve permitir que o bebê crie a ilusão de que ele cria seu próprio mundo.

Assim, uma mãe suficientemente boa sabe quando o bebê está com fome e apresenta o seio no momento em que o bebê o imagina, como se os impulsos instintivos dele formassem a imagem do seio e criassem sua realidade. Portanto, do ponto de vista subjetivo do bebê, é *como se* ele tivesse criado a realidade, enquanto, na verdade, ela depende das ações da mãe externa.

Ao gerar essa ilusão, a mãe dá ao bebê uma experiência de onipotência, que lhe permite "juntar" os detalhes da vida externa. Essa reunião de experiências é crucial para a capacidade da criança de se envolver com a realidade sem que sua "continuidade do ser" seja perturbada por ela. Imagine uma mãe que não mantém o senso de continuidade do bebê porque sempre se atrasa para oferecer o seio. Talvez ela acredite que é errado ceder às exigências do bebê e que é bom que ele espere alguns minutos antes de poder mamar. Essa criança não terá uma experiência de onipotência nem um senso de que ela cria o objeto. Em vez disso, pode experimentar uma aniquilação interior do ser.

Winnicott discordou de Anna Freud quando disse que a necessidade do bebê pelo seio não é fundamentalmente instintiva. Nas primeiras semanas de vida, a questão não é de gratificação ou de frustração. Esses são conceitos que se aplicam à vida instintiva; eles não são apropriados quando a questão é de necessidade. Uma necessidade é atendida ou não. Uma necessidade não atendida pode resultar em uma experiência de aniquilação do ser. Aqueles de vocês que tiveram bebês ou viram bebês pequenos em estado de aniquilação entendem do que estamos falando. Não se trata de frustração ou de gratificação, que são experiências organizadas. Uma criança cuja necessidade não é atendida cai no caos.

De certa forma, poderíamos dizer que uma das diferenças entre o esquizofrênico e o *borderline* é que o esquizofrênico se organizou contra qualquer experiência, pois as experiências de aniquilação são devastadoras demais. Já o *borderline* mantém catexias objetais intensas e continua tendo repetidas experiências de aniquilação do ser, pois essa textura psíquica é a sombra da mãe.

Em *Os fundamentos*, em uma seção intitulada "A filosofia da 'realidade'", Winnicott diz:

> Ocasionalmente, após o estabelecimento de uma capacidade de relacionamento, esses bebês podem dar o próximo passo em direção ao reconhecimento da solidão essencial do ser humano. Possivelmente, esse bebê cresce e diz: "Eu sei que não há contato direto entre a realidade externa e eu, apenas uma ilusão de contato, um fenômeno intermediário que funciona muito bem para mim quando não estou cansado. Eu não dou a mínima que haja um problema filosófico envolvido". (HN114–5)

Por meio da organização do início da vida pela mãe, somos providos de um senso de confiança, mesmo quando confrontados com situações que deveriam nos enlouquecer. Como já mencionei, um aspecto crucial da tarefa materna é a provisão de um ambiente de *holding* que sustente a continuidade do ser da criança.

Ao entrevistar mães e bebês, Winnicott sentava-se em um dos lados de uma mesa enquanto o bebê permanecia do outro lado, no colo da mãe. Na mesa entre eles era colocada uma espátula,* geralmente em uma tigela. Ao colocar esse objeto entre ele e o bebê, ele conseguia descobrir muita coisa. Enquanto a mãe falava com Winnicott, o bebê olhava para a tigela, depois para Winnicott, e de volta para a tigela, e, em seguida, para a mãe. Havia muitos fenômenos importantes lá para observação e, analisando a relação do bebê com esse novo objeto, Winnicott conseguia avaliar a saúde dele. Ele conseguia observar a relação da mãe com o bebê, a relação da mãe com ele, a relação do bebê com a mãe e a relação do bebê com ele. Em especial, ele notava a capacidade da criança de "uso do objeto".

---

* Um abaixador de língua.

Vamos pensar sobre a diferença entre cuidados maternais suficientemente bons e cuidados maternais que não são suficientemente bons. Imaginemos que este é o objeto no campo da criança. *[Bollas coloca uma caneta em cima da mesa.]* A criança nota esse objeto. A mamãe está aqui, um pouco afastada. Nesse momento, tudo com o que estamos lidando é a percepção do bebê sobre a presença de um objeto. Mas, então, ele desvia o olhar, sua boca se abre, ele relaxa e se vira de novo para olhar o objeto. Agora ele está pronto para *experimentar* o objeto. Sua boca está pronta, ele está babando; a zona erógena está organizada, e o objeto se tornou um objeto de desejo. Podemos dizer agora que ele desenvolveu uma relação instintiva com a presença do objeto.

A mãe suficientemente boa percebe a relação entre o objeto e a percepção do bebê sobre ele, e a preparação instintiva dele para seu uso. Essa cena é importante porque nela a mãe percebe e apoia a relação do bebê com a realidade.

Se o objeto que o bebê está observando estiver muito longe, ele não está pronto para ser colocado na boca. Então a mãe o move para a área de alcance do bebê. Isso é chamado de "facilitação". Ela possibilita que a criança passe da percepção para o impulso instintivo, para o uso e a gratificação com objetos – colocando-os na boca, explorando-os com a língua e desfrutando da experiência.

Pegar o objeto e colocá-lo na boca demonstra a ideia de Winnicott sobre a função da vitalidade promovida pela agressão. A motilidade organiza uma necessidade em uma experiência psicossomática. Após a criança colocar o objeto na boca, podemos dizer que há integração de percepção, instinto, agressão e orientação óptica, cuja soma constitui uma experiência emocional que liga a psique-soma ao uso do objeto.

Após essa maravilhosa experiência da realidade, o bebê pode perder o interesse pelo objeto e jogá-lo fora. Isso é uma destruição. Uma destruição boa. Essa destruição de um objeto é crucial para a capacidade posterior de repressão.

Agora falemos de uma mãe não suficientemente boa. Com isso, não quero dizer algo que seja maligno ou monstruoso. Uma mãe que não é boa o suficiente pode ser uma pessoa muito legal que é simplesmente muito certinha e metódica. Ela lustra a mobília e garante que tudo esteja impecavelmente limpo. Ela vê o bebê olhando para um objeto na mesa, babando enquanto se prepara para colocá-lo na boca, e reage tirando o objeto da mesa e limpando a baba do bebê, enquanto diz: "Não, não, não!". O bebê então experimenta uma forma de desespero. Essa não é uma experiência de integração em relação ao objeto: percepção, instinto, motilidade, agressão e uso do objeto não acontecem. Então, o bebê só consegue ter uma relação imaginária com o objeto. Do ponto de vista de Winnicott, essa é a base da vida esquizoide.

A contribuição fundamental de Winnicott para a psicanálise é preservar em nossas mentes o valor psíquico para cada um, individualmente, da experiência dos próprios pais. A experiência como atividade integrada não é simplesmente a vivência da vida intrapsíquica ou a vivência de um fenômeno que está armazenado na memória. Ela é essencial para o desenvolvimento da pessoa.

Essa conclusão da experiência é mantida pelo apoio ao ego fornecido pelo cuidado materno. A presença ativa da mãe garante que o bebê não tenha que assumir a responsabilidade por suas próprias ações ou seus sentimentos. Nesse estágio inicial, as características fundamentais dos estados de ego da criança são o processo primário, a identificação primária, o autoerotismo e o narcisismo primário. Durante o período de *holding* e de facilitação, há uma transição no estado de ego do bebê da não integração para a integração. É nesse ponto que o termo "desintegração" adquire significado.

A transição do período de *holding* para o "viver com outro" ocorre quando a mãe apresenta ao bebê a realidade. Winnicott escreve: "todo o procedimento de cuidado infantil tem como principal característica uma apresentação constante do mundo para a criança"* (MP87). No entanto, tal ato de tutela por parte da mãe não pode ser o resultado de

---

* "From dependence towards independence in the development of the individual" (1963) em *The maturational process and the facilitating environment* (MP). London, Hogarth, 1972. pp. 83-92. [N. de R. T. Publicado em português sob o título "Da dependência à independência no desenvolvimento do indivíduo", no livro *O ambiente e os processos de maturação*.]

um pensamento deliberado e sistemático. Ele deve refletir uma "tutela contínua de um ser humano que é consistentemente ele mesmo" (MP87).

Em alguns aspectos, a qualidade de "viver com o outro" repousa sobre a vivacidade da mãe, que sente seu bebê por meio de seu próprio *self*. "A mãe sabe que deve se manter viva", escreve Winnicott, "e permitir que o bebê sinta e ouça sua vivacidade" (MP71).* Uma forma pela qual isso pode encontrar expressão está na presença participativa da mãe nas fusões de agressividade e sexualidade do bebê. Por exemplo, ela pode combinar o sadismo oral de seu bebê com seu "desejo de ser comida imaginativamente" (MP127).** Ela tem prazer nas agressões e na sexualidade do bebê, ecoando a própria experiência dele de gratificações instintivas. Ou ela fornece um *holding* que permite que a criança experimente o curso completo de uma experiência, possibilitando que o amor e o ódio se integrem: uma união crucial para o potencial criativo.

A contribuição muito específica de Winnicott para nossa compreensão desse período da vida de uma criança foi enfatizar a necessidade de concluir completamente uma experiência, pois, para ele, a experiência infantil de amor e ódio no relacionamento com objetos é crucial para a eventual integração dessas duas forças pela criança.

A experiência concerne à evolução do *self*, já o pensamento está relacionado ao trabalho da psique e da mente. Antes de fazer mais considerações sobre a ênfase na experiência, é bom ressaltar que existem duas mães diferentes durante as fases de "*holding*" e de "viver com o outro".

---

* "The development of the capacity for concern" (1963), em MP, pp. 73-82. [N. de R. T. Publicado em português sob o título de "O desenvolvimento da capacidade de se preocupar", no livro *O ambiente e os processos de maturação*.]
** "Classification: is there a psycho-analytic contribution to psychiatric classification?" (1959-1964), em MP, pp. 124-139. [N. de R. T. Publicado em português sob o título "Classificação: existe uma contribuição psicanalítica à classificação psiquiátrica?", no livro *O ambiente e os processos de maturação*.]

No período mais precoce da infância, durante o qual o *holding* é tão crucial, a criança experimenta a "mãe-ambiente". Essa é a mãe que "recebe tudo o que pode ser chamado de afeto e coexistência sensual" (DD103)* enquanto afasta o imprevisível e fornece essa gestão essencial para o bem-estar da criança. O estado de *self* da criança em relação à mãe-ambiente é o de *ser*, e, em outros lugares, Winnicott vincula isso a um elemento feminino puro.

A fase de "viver com" envolve relacionamentos com objetos, e isso requer o reconhecimento do bebê da "mãe-objeto", a mãe como um ser em seu próprio direito. Essa é a mãe que é o objeto do *id*, que "se torna o alvo de uma experiência excitada apoiada por uma tensão-instinto bruta" (DD103). O estado de *self* da criança em relação à mãe-objeto é o de *fazer*, e Winnicott vincula isso ao elemento masculino puro.

Gradualmente, por meio de uma combinação de experiência cumulativa, desenvolvimento neurobiológico e a habilidade da mãe em fornecer ao bebê a dose certa de ambas as mães, há uma fusão desses dois objetos. Conforme o bebê tem uma experiência instintiva completa em relação à mãe-objeto, ele simultaneamente tem e conhece a "relação mais silenciosa do bebê com a mãe-ambiente" (DD103).

Para Winnicott, essa divisão no mundo dos objetos é uma característica natural da necessidade do objeto e, portanto, do relacionamento com o objeto. A criança precisa da mãe-ambiente para poder descansar, para ser cuidada e para continuar "existindo", mas também precisa da excitante mãe-objeto como alvo de objetivos instintivos, de uso implacável e de descarte sem nem pensar. Esse uso das duas mães depende, é claro, do manejo de toda a situação pela mãe:

> [A]s circunstâncias favoráveis necessárias nessa fase são as seguintes: que a mãe continue viva e dispo-

---

* "The development of the capacity for concern", em Deprivation and delinquency (DD). London, Tavistock, 1984. pp. 100–105. [N. de R. T. Publicado em português sob o título "O desenvolvimento da capacidade de se preocupar", no livro *Privação e delinquência*.]

> nível, tanto fisicamente quanto no sentido de não estar preocupada com outras coisas. A mãe-objeto tem que ser encontrada para que se sobreviva aos episódios impulsionados pelo instinto, que adquirem toda a força das fantasias de sadismo oral e de outros resultados de fusão. Além disso, a mãe-ambiente tem uma função especial, que é continuar a ser ela mesma, ser empática com seu bebê, estar lá para receber o gesto espontâneo e ficar satisfeita. (DD103)

A partir disso, podemos ver que a ideia de dividir o objeto em bom e ruim não se aplica aqui. É mais uma questão de dividir o objeto em dois objetos bons muito diferentes: aquele que se sustenta de maneira sensual e o outro que traz gratificações excitantes. Não são apenas as necessidades urgentes do bebê que mantêm esses dois objetos funcionando; a mãe suficientemente boa também gosta dessa dupla função e comunica seu prazer em ser tanto o ambiente quanto o objeto.

Para Winnicott, o ego da criança ainda não está integrado, e é a mãe, por meio de seus cuidados, que compensa essa fraqueza do ego. Por "não integração", ele não quer dizer que a criança não tem ações do ego ou mesmo integrações do ego. Na verdade, segundo Winnicott, mesmo no útero, o feto realiza atos de trabalho de ego que são integrativos. Ele sustenta que o feto já está utilizando a agressão para criar suas próprias experiências.

No entanto, as integrações individuais do ego não se somam à integração do ego como um todo, que chega apenas quando a criança é capaz de diferenciação contínua entre seu mundo interno e a realidade externa e, portanto, entre seu mundo e o mundo da mãe.

Durante a fase de *holding*, o bebê "atinge o *status* de unidade", ou seja, ele se torna uma pessoa, um indivíduo por direito próprio. Com a apresentação confiável da mãe de si mesma ao bebê, ele continua a experimentar uma continuidade no ser, a base para a síntese e a integração do ego. Winnicott escreveu que "a existência psicossomática [...]

começa a assumir um padrão pessoal" (MP 44),* descrito como "a psique que habita no soma" (MP 45). Para Winnicott, a psique é originalmente "a elaboração imaginativa da [...] vivacidade física" (TP244).** Com o tempo, essa elaboração imaginativa alcança seu próprio padrão e vira a base para o que os analistas chamam de "mundo interno".

Durante a fase de *holding*, o bebê desenvolve "uma membrana limitante" (MP45) para a diferenciação do eu e do não eu. Isso é uma realização do ego, não uma habilidade cognitiva. Assim, por exemplo, os pacientes *borderline* têm a capacidade normal neurologicamente derivada de diferenciar o *self* do objeto, mas no contexto das relações entre humano e objeto isso é quebrado, e as distinções entre "eu" e "não eu" são abandonadas.

Na infância, como desdobramento da integração do ego, há uma fusão das "duas raízes do comportamento impulsivo" (MP45): sexualidade e agressão. À medida que os elementos difusos do movimento muscular e do erotismo muscular se "fundem com o funcionamento orgiástico das zonas erógenas" (MP45), a agressão é integrada ao erótico. Essa fusão é totalmente dependente de cuidados maternos bons o suficiente durante o ambiente de *holding*.

Como segurar o bebê fisicamente é uma forma de amar, talvez possamos argumentar que a fusão de agressividade e sexualidade é o fenômeno que leva à sensualidade. Aqui, pelo menos, poderíamos definir isso como o prazer de um sujeito em seu próprio *self* corporal, derivado do prazer da mãe em segurá-lo. A sensualidade, então, é menos uma representação narcisista do que é o objeto da expressão simultânea do prazer da mãe em manusear o corpo do bebê e o próprio prazer dele em fundir agressão e sexualidade pelas mãos da mãe.

∎

* "The theory of the parent-infant relationship" (1960), em MP, pp. 37–55. [N. de R. T. Publicado em português sob o título "Teoria do relacionamento paterno-infantil", no livro *O ambiente e os processos de maturação*.]
** "Mind and its relation to the psyche-soma" (1949), em *Through paediatrics to psychoanalysis* (TP). London, Hogarth, 1975. pp. 243–254. [N. de R. T. Publicado em português sob o título "A mente e sua relação com o psique-soma".]

Winnicott enfatiza como, na fase de *holding*, o bebê é absolutamente dependente da mãe. No entanto, isso envolve um paradoxo: não significa que a criança seja incapaz de ações independentes, mas que depende do cuidado da mãe para sustentá-las. Dessa forma, as ações independentes são elas próprias totalmente dependentes.

Ao mesmo tempo, no entanto, o bebê não depende da mãe para a natureza de sua personalidade. A fonte suprema de independência em todos nós, nosso potencial herdado, está em nós desde o início. "Podemos dizer que o ambiente facilitador possibilita o progresso constante do processo maturacional, mas o ambiente não faz a criança. Na melhor das hipóteses, permite que a criança perceba o seu potencial" (MP85).*

Aqueles que pensam erroneamente em Winnicott como um ambientalista fariam bem em ler essa passagem novamente. O ambiente é crucial apenas como base para apoiar a percepção da criança em relação a seu potencial de personalidade. Os pais são, na verdade, "dependentes das tendências herdadas da criança" (MP85).

Enquanto outros teóricos analíticos podem fornecer ao leitor uma série de termos técnicos com os quais discriminar a evolução da criança nesses primeiros anos de vida, Winnicott tem uma forma específica de esboçar os estágios de dependência para a independência, como se ao descrever essa evolução ele compartilhasse a relatividade dela. Ao optar pela descrição de princípios ou atitudes, ele oferece uma "espécie de modelo para o existencialismo" (MP86). Ele sustenta que o estágio inicial de dependência absoluta da mãe é seguido por um estágio de dependência relativa, no qual "pode-se distinguir entre a dependência que está além do conhecimento da criança e a dependência que a criança pode conhecer" (MP87). Na fase de dependência relativa, o bebê utiliza as falhas progressivas de adaptação da mãe para seu próprio benefício.

---

* "From dependence towards independence in the development of the individual" (1963), em *The maturational process and the facilitating environment*, pp. 83–92. [N. de R. T. Publicado em português sob o título "Da dependência à independência no desenvolvimento do indivíduo", no livro *O ambiente e os processos de maturação*.]

3

Verdadeiro *self*

Winnicott foi relutante em conceber o termo "verdadeiro *self*". Ele o considerava necessário para discutir o "falso *self*". Sua função original era a de um termo suplementar, para representar o oposto daquele estado de ansiedade que gerava o falso *self*.

Pode-se encontrar a formulação mais antiga desse termo no artigo de 1941 "The observation of infants in a set situation",* em que Winnicott descreve o "movimento corporal livre" do bebê no uso de um objeto (TP54). Esse movimento livre da criança em seu corpo, ele afirma posteriormente, é uma característica importante do verdadeiro *self*. Então, em 1952, em "Anxiety associated with insecurity",** ele escreveu sobre o "centro de gravidade da consciência" da criança, o qual é "núcleo da casca" (TP99). Aqui, ele localiza esse núcleo na unidade total da mãe e do bebê, uma visão que ele mais tarde altera após a formulação do conceito do verdadeiro *self*:

---

* N. de R.T. Publicado em português sob o título "A observação de bebês numa situação padronizada", no livro *Da pediatria à psicanálise*.
** N. de R.T. Publicado em português sob o título "Ansiedade associada à insegurança", no livro *Da pediatria à psicanálise*.

Antes dos relacionamentos com objetos, a situação é a seguinte: a unidade não é o individual, a unidade é um arranjo entre ambiente e indivíduo. O centro de gravidade do ser não começa no individual. Ele está no arranjo como um todo. (TP99)

Posteriormente, em 1960,* Winnicott escreve que o verdadeiro *self*, que surge do potencial herdado, requer cuidado materno para ganhar vida: "o verdadeiro *self* não se torna uma realidade viva, exceto como resultado do sucesso repetido da mãe em encontrar o gesto espontâneo ou a alucinação sensorial do bebê" (MP145).

À medida que a mãe encontra o gesto espontâneo do bebê, ela o torna real e desenvolve a capacidade do bebê de utilizar o gesto como um significante incorporado. Essa é a base de futuras simbolizações da criança. Ela é também uma etapa intermediária no uso eventual da linguagem pela criança. É importante destacar que, no trabalho com crianças autistas que não falam, alguns terapeutas visam a voltar à base de responder aos gestos da criança, brincando com ela e trabalhando com a mãe para ajudá-la a também fazer isso. Essa terapia reconhece implicitamente os fundamentos gestuais dos símbolos e da linguagem.

Em certo sentido, o verdadeiro *self* é a vivacidade. Ele não é reativo ao ambiente, mas sim algo primário: "vem da vivacidade dos tecidos do corpo e do funcionamento das funções corporais, incluindo a ação do coração e a respiração" (MP148). Em parte por esse motivo, Winnicott viu o verdadeiro *self* como uma forma do *Id*, como "pouco mais do que a soma da vivacidade sensório-motora" (MP149).

Na verdade, acho que é muito mais do que isso e tiro inspiração da importante declaração de Winnicott de que o verdadeiro *self* é o "potencial de personalidade" herdado. Do meu ponto de vista, eis aqui exatamente o que ele é: um núcleo de personalidade complexo herda-

---

* Ver "Ego distortion in terms of true and false self" (1960), em MP, pp. 140–152. [N. de R. T. Publicado em português sob o título "Distorção de ego em termos de verdadeiro e falso *self*".]

do, presente no nascimento, uma linguagem de ser e de se relacionar que evoluirá e se ativará conforme a experiência do bebê com a mãe.

Vamos repassar a teoria do *self* de Winnicott.

Ele argumenta que parte do elemento do *self* está presente no estado de solidão essencial que carregamos conosco ao longo da vida. A solidão essencial precede a vivacidade, que, por sua vez, vem antes da dependência e do instinto. Ela é caracterizada fundamentalmente pela continuidade no ser e depende de uma ausência suficiente de interrupções da existência. O *self* começa com a disposição herdada, a história ancestral do *self* codificada no DNA, o "núcleo" do próprio ser. Esse verdadeiro *self* tem potencial. Para que ele se desenvolva, são necessários a empatia facilitadora e o trabalho da mãe e do pai. Ele só se tornará personalidade por meio da experiência, é ela que permite que o verdadeiro *self* surja na realidade.

Quais são as características específicas do verdadeiro *self*? Como sabemos o que ele é? Como o vemos? Para Winnicott, tem a ver, em primeiro lugar, com o que ele chama de "vivacidade", a qualidade do modo de ser da pessoa. Estar atento a essa qualidade de sentir que está vivo é um foco central na análise winnicottiana. Uma crítica que ele faz à psicanálise clássica é que o analista pode analisar o paciente, mas isso nunca leva o paciente a uma vida criativa.

A outra qualidade principal do verdadeiro *self* é a "espontaneidade": o gesto tornado real. Vemos alguém com quem gostaríamos de conversar e nos aproximamos e nos apresentamos. Esse é o gesto tornado real. Se apenas pensarmos em fazer isso, mas não nos movermos em direção à pessoa, o gesto é realizado apenas como representação mental interna. Então, uma das maneiras de avaliar a evolução do verdadeiro *self* de um indivíduo é observar até que ponto seus gestos se tornam reais.

Nesse exemplo, estou falando da relação do indivíduo com o mundo externo. Winnicott também fala sobre a psique como a elaboração imaginativa da existência do corpo. Essa é outra maneira de falar sobre instintos. A vida instintiva é uma característica forte do verdadeiro *self*.

Podemos dizer que o corpo do bebê determina a sua imaginação precoce, e muitos de seus primeiros gestos são elaborações da experiência do corpo interior. Se a mãe for suficientemente boa, essa elaboração imaginativa ressoa no mundo dos objetos, dando à criança uma sensação de realidade pessoal interior.

Esse é um conceito bastante difícil, pois "realidade pessoal interior" não é a mesma coisa que "mundo interno". Nosso mundo interno é povoado por muitas representações de objetos, algumas das quais podem gerar ansiedade. A realidade pessoal interna tem mais a ver, penso eu, com a sensação de que nosso próprio estado interno está suficientemente em harmonia com o ambiente para nos permitir sentir que somos os autores de nossa própria existência.

De certa forma, a realidade pessoal interior refere-se à qualidade da subjetividade. Todos sabemos que há alguns pacientes que fornecem uma narrativa clara e elaborada de suas vidas, mas é como se estivessem falando de outra pessoa. Eles não transmitem os fundamentos de um "eu" organizado para experimentar. É por isso que, para os analistas winnicottianos, não basta simplesmente analisar o conteúdo da narrativa do paciente, eles precisam encontrar alguma forma de abordar a divisão básica na personalidade.

Em última análise, a teoria de Winnicott sobre a sensação de vivacidade e sobre a espontaneidade expressa implica uma teoria da sensualidade e do prazer. Essa, a meu ver, é uma das lacunas da teoria psicanalítica. A sensualidade é diferente da sexualidade. A sensualidade tem algo a ver com integração psicossomática e narcisismo positivo, com o prazer em ser você mesmo. Nós realmente acreditamos que a realização da primazia genital é a evolução final da libido? Acho que não podemos ficar satisfeitos com isso, e é igualmente impossível criar um ideal simples de sensualidade.

Também podemos distinguir entre instinto (ou impulso) e prazer. Aqui está outra lacuna em nossa teoria: não falamos o suficiente sobre o prazer. Como analisamos o prazer do paciente em estar com o analista? Como o percebemos? Como abrimos espaço para ele? Às vezes, acho que preferimos nos concentrar no instinto ou nos impulsos, pois isso nos protege de ter que falar sobre o prazer. Se eu gosto de um paciente, se tenho prazer em sua presença, estamos os dois sendo pacientes e analistas juntos? Isso deve ser proibido ou exilado do discurso psicanalítico?

É claro que sabemos que não devemos gratificar o paciente. No entanto, há uma diferença entre gratificação de experiências e reconhecimento e compreensão da gratificação que *já existe no relacionamento com objetos*. Precisamos considerar como transmitir de maneira apropriada nossa compreensão do prazer do paciente em nossa existência e sua gratificação por estar conosco. Isso precisa fazer parte do campo completo da psicanálise.

Em outras palavras, Winnicott discute elementos da psicanálise que negligenciamos, que deixamos escapar de nossa atenção. A história da psicanálise, desde seus primórdios até os dias atuais, é, em parte, a história dos movimentos de pessoas que sofreram perseguições. É compreensível, portanto, que o foco na psicanálise tenha sido a destruição, a perda, a tristeza e o luto. No entanto, acredito que agora devemos tentar reencontrar o que Freud estava escrevendo, de várias maneiras, antes da Primeira Guerra Mundial. Isso tem a ver com a natureza da sexualidade, a história da libido e o estabelecimento do desejo.

4

Tornando-se uma realidade viva

Vale lembrar a importante função da mãe na integração do bebê. Se ela "atende [...] a onipotência infantil revelada em um gesto (ou um agrupamento sensório-motor)" (MP145), ela liga os movimentos da criança à realidade externa. Essa ligação contínua e repetida das necessidades e dos desejos internos ao mundo dos objetos reais apoia a lógica da existência do verdadeiro *self* e do processo maturacional.

A criança adquire a convicção de que pode utilizar seu próprio idioma como pessoa para lidar com objetos externos, a fim de receber prazer e gratificação, mas a mãe também tem prazer em ser usada pela criança ou de fazer uso dela. Tanto quando criança quanto mais tarde na vida, uma pessoa que vive com seu verdadeiro *self* desfruta das satisfações duplas de receber prazer e de dar prazer. As gratificações nas relações interpessoais são simultaneamente prazerosas para si e para os outros.

Pense em duas pessoas que estão jantando ou conversando, trocando histórias e observações, desfrutando uma da outra de maneira que seja mutuamente útil e mentalmente prazerosa. Nesse exemplo, uma pessoa faz uso da outra para se divertir, mas também devemos considerar os prazeres das discussões. Um desacordo intelectual permite uma agressão prazerosa, pois cada participante "destrói" a posição do outro apenas para ver o outro sobreviver à destruição e contestar a agressão com outro bom ponto. Essa agressividade interpessoal não é diferente de algumas dialéticas entre bebê e mãe. Quando o verdadeiro *self* é livre para se divertir, o *self* e o outro experimentam uma mistura agradável, quase sensorial, de agressão, intelecto, estado de alerta somático, vivacidade gestual e prazer em estar juntos.

A culpa pelas vitórias pode surgir, mas, caso isso aconteça, reparações derivadas do prazer mútuo não são difíceis de serem alcançadas, desde que a atmosfera seja receptiva à reparação. Muitas vezes, ambos os participantes terão tido momentos de vitória, com o campo da diferença sendo repleto de traços de conquistas e derrotas retóricas. Os prazeres da inter-relação deixam óbvia a experiência da culpa e a necessidade de reparação.

O verdadeiro *self* torna-se "uma realidade viva [...] como resultado do sucesso repetido da mãe em atender o gesto espontâneo ou a alucinação sensorial do bebê" (MP145). Para Winnicott, esse vínculo entre o gesto do bebê e a ação da mãe é a fundação do simbólico, uma teoria do simbolismo que surge da criatividade intersubjetiva. Possivelmente, a criança passa a utilizar e interpretar o simbólico à medida que descobre seus sentimentos internos por meio dos gestos que faz e da interpretação que a mãe faz deles. Assim, em sentido importante, a mãe cria a realidade do bebê ligando o estado interior dele ao mundo real, ou seja, a si mesma. Winnicott escreve que: "É o *gesto ou a alucinação* do bebê que se torna real, e a capacidade do bebê de *usar um símbolo* é o resultado" (MP145). Se, no entanto, a mãe fizer o oposto, se ela impuser seu próprio conjunto de expectativas e demandas ao bebê em estágio muito precoce, ele substituirá as necessidades dele pelas dela.

Bebê e mãe participam de uma realidade mediada. Nenhuma mãe se adapta continuamente ao bebê. Na verdade, Winnicott sugere que todas as mães suficientemente boas falham e que as crianças acabam se beneficiando desses fracassos. Elas utilizam essa experiência para construir uma tolerância a frustrações subsequentes e estabelecer um senso diferenciado dos limites das ofertas de um objeto. À medida que o bebê amadurece e a mãe diminui sua adaptação, ela proporciona uma desilusão gradual. Cada vez mais, ela recusará ativamente o gesto do bebê para substituí-lo por suas próprias demandas e as do mundo em geral.

Isso não promove conformidade com o falso *self* no bebê? Até poderia, se fosse uma característica dessa mãe que ela impusesse ao bebê cedo demais, mas também pode resultar em benefício contínuo da criança se a mãe transmitir sua demanda com sua própria agressão prazerosa. Não é o estabelecimento das demandas em si, mas a atitude emocional por trás do ato materno que faz ou não com que o bebê vá em direção a uma conformidade que promova um falso *self*.

Winnicott escreveu que, se a adaptação da mãe for suficientemente boa, a criança passa a acreditar na realidade. Portanto, a catexia do objeto depende da solicitação materna da economia psíquica da criança. Ela a convida para se inter-relacionar.

5
Falso *self*

A terminologia de Winnicott muda ao longo das diferentes fases de sua vida. Na década de 1940 e no início da década de 1950, ele frequentemente escreve sobre "psique" e "psique-soma" e usa "psique" com mais frequência do que "ego". Nas décadas de 1950 e 1960, ele utiliza os termos "verdadeiro *self*" e "falso *self*", e, na década de 1960, "ego" aparece com mais frequência do que "psique". Tentarei aqui integrar essas várias teorias para esclarecer o conceito de falso *self*.

Winnicott escreve que a base da psique é o soma. O soma vem em primeiro lugar, e a psique surge como a elaboração imaginativa de funções físicas, partes somáticas e sentimentos. Ele está relacionado à vivacidade física ou à vivacidade imaginada.

As primeiras funções da psique estão relacionadas à união de experiências passadas, potencialidades e o momento presente. Isso envolve a consciência e a vinculação de uma expectativa para o futuro. Como resultado disso, o *self* "vinculado" passa a existir. A mente, que ele distingue da psique, começa (e esta é a poesia de Winnicott) como "um florescimento na fronteira do funcionamento psicossomático" (HN26).

Segundo Winnicott, no início, a mente evolui como aquela parte do psique-soma relacionada ao fracasso do ambiente. A mente tem suas raízes na necessidade do indivíduo de ter um ambiente perfeito. Se a mente tem que lidar com muitas experiências ambientais erráticas, isso perturba a continuidade do ser, e há uma necessidade de organizar o ambiente. A mente então entra em desacordo com o psique-soma, que tenta assumir. A seguinte passagem é do artigo de Winnicott "Mind and its relation to the psyche-soma" (1946):

> Certos tipos de falha por parte da mãe, especialmente o comportamento errático, produzem atividade excessiva do funcionamento mental. Nesse caso, com o crescimento excessivo da função mental em função da maternidade errática, vemos que pode desenvolver-se uma oposição entre a mente e o psique-soma, uma vez que, em reação a esse estado ambiental anormal, o pensamento do indivíduo começa a assumir e organizar o cuidado com o psique-soma, enquanto em condições saudáveis é função do ambiente fazer isso.* (TP246)

Portanto, quando o ambiente se torna muito errático, a mente deve se tornar ativa. O psique-soma então começa a depender da mente em vez do ambiente. Isso pode ser observado clinicamente em pacientes que dependeram por tanto tempo da mente que são incapazes de utilizar o outro como um objeto. Portanto, quando o analista faz uma interpretação, os pacientes precisam reformular ou adicionar coisas a ela, ou dissecá-la para torná-la sua. Winnicott escreveu que: "Em condições saudáveis, a mente não usurpa a função do ambiente, mas torna possível uma compreensão e, possivelmente, um uso de sua falha relativa" (TP246).

---

* "Mind and its relation to the psyche-soma" (1949), em TP, pp. 243–254. [N. de R. T. Publicado em português sob o título "A mente e sua relação com o psique-soma".]

Em casos extremos... nos estágios iniciais, encontramos

> *o funcionamento mental se tornando uma coisa em si*, praticamente substituindo a boa mãe e tornando-a desnecessária. Clinicamente, isso anda lado a lado com dependência da mãe real e com um falso crescimento pessoal com base na submissão. Essa é uma situação muito desconfortável, especialmente porque a psique do indivíduo é "seduzida" para essa mente a partir da relação íntima que a psique originalmente tinha com o soma. O resultado é uma mente-psique, o que é patológico. (TP246–7)

O ponto importante aqui é que a mente substitui a mãe.

A psique é absorvida pelo funcionamento mental, e há então uma divisão entre psique e soma. Segundo Winnicott, o intelecto não adoece, somente a psique o faz. Esta é a parte do indivíduo preocupada com o relacionamento com o corpo e com o mundo externo. Ela se torna uma coisa com capacidade de criar e perceber a realidade externa.

Essa é uma ideia muito difícil. Winnicott está tentando conceitualizar a origem do que é distintamente humano em nossa maneira de ser, pensar e experimentar.

Nos meus termos, a psique registra a forma de expressão de uma pessoa. Menciono isso agora porque Winnicott faz uma especificação adicional à sua teoria da mente. Como a mente está preocupada com intrusões ou com a interrupção da continuidade do ser, ela é influenciada por fatores não especificamente pessoais ao indivíduo.

Se as intrusões são excessivas e criam continuamente reações intensas por parte da mente, a psique não consegue englobá-las, apenas catalogá-las. Esse tipo de mente se torna um fardo para o psique-soma; ela age como um corpo estranho, como se estivesse além da compreensão. Winnicott às vezes faz referência à neurose obsessiva como um exemplo dessa experiência da mente por parte do psique-soma.

Ele então começa a falar sobre como a mente recebe uma localização. Localizamos a mente na cabeça porque não conseguimos ver nossa cabeça, assim como não conseguimos ver nossa mente. Mais tarde, Winnicott fala sobre o erro do neurocirurgião que acredita que, cortando parte do cérebro, pode remover parte da mente. Um dos objetivos da doença psicossomática, segundo ele, é afastar a psique da mente, de volta à sua associação íntima original com o soma. Isso é o que ele quer dizer com o lado positivo da doença.

Isso nos leva à classificação de Winnicott do falso *self*, que ele delineou em seu ensaio de 1960 "Ego distortion in termos of true and false self".* Isso emerge de sua teoria da mente como o objeto que substitui o ambiente – o objeto original da dependência e da catexia. Ele descreve cinco classificações do falso *self*. No primeiro caso, o que ele descreve como estando "em um dos extremos":

> [O] Falso *Self* apresenta-se como real e é isso que os observadores tendem a pensar que é a pessoa real. No entanto, nos relacionamentos da vida, nos relacionamentos de trabalho e nas amizades, o Falso *Self* começa a fracassar. Em situações nas quais o que se espera é uma pessoa inteira, o Falso *Self* tem alguma falta de essência. Nesse extremo, o Verdadeiro *Self* está escondido. (MP142–3)

Esse é o paciente para quem o funcionamento mental se tornou o único meio pelo qual ele negocia todas as suas catexias, todas as suas relações. Isso se tornou sua técnica de adaptação. No entanto, quando esses pacientes entram em análise eles encontram um ambiente, criado pelo psicanalista, que em alguns aspectos não tem nada para eles em termos de uso solitário da mente. Os esforços do paciente para

---

* Em MP, pp. 140–152. [N. de R. T. Publicado em português sob o título "Distorção do ego em termos de verdadeiro e falso *self*".]

chegar a algum lugar na análise mantendo sua dependência na mente não funcionam de maneira efetiva porque esse é um ambiente que não requer esse tipo de relação de objeto. Conseguimos ver como o paciente obsessivo demonstra as funções da mente em nossa presença, como se não estivéssemos lá. Ou como o paciente narcisista exibe a mente para tentar provocar nossa admiração e nossa dependência da mente dele. Winnicott frequentemente se refere a pacientes inteligentes que, na parte inicial da análise, param de ter o que dizer. Eles ficam realmente perdidos; eles perdem qualquer noção de quem são ou do que estão realmente pensando.

Descrevendo o segundo tipo, ele escreve:

> O Falso *Self* defende o Verdadeiro *Self*; o Verdadeiro *Self* é, no entanto, reconhecido como um potencial, e lhe é permitido ter uma vida secreta. Aqui está o exemplo mais claro de doença clínica como organização com um objetivo positivo: a preservação do indivíduo apesar de condições ambientais anormais. Essa é uma extensão do conceito psicanalítico do valor dos sintomas para a pessoa doente. (MP143)

A terceira categoria, "mais voltada para a saúde": "O Falso *Self* tem como principal preocupação a busca das condições que possibilitam que o Verdadeiro *Self* entre em si mesmo". (MP143)

A quarta categoria, "ainda mais em direção à saúde", é o mundo do "imaginário", como diria Lacan. Winnicott sustenta que a quarta categoria é "construída sobre identificações" (MP143), o que implicitamente reconhece o valor das relações na possível facilitação do verdadeiro *self*.

A quinta categoria é a "na saúde":

> [O] Falso *Self* é representado por toda a organização da atitude social educada, um "não ser um livro aberto", como se poderia dizer. Muito disso vai para a

> capacidade do indivíduo de renunciar à onipotência e ao processo primário em geral, com o ganho sendo o lugar na sociedade que nunca poderia ser alcançado ou mantido pelo Verdadeiro *Self*. (MP143)

É claro que não é possível para o verdadeiro *self* ter uma existência não mediada em um espaço social. O falso *self* comum é essencial para a vivacidade do ser humano, para a preservação da privacidade comum e para a garantia de que o mundo interno da pessoa permaneça interno.

Acho que não escrevemos o suficiente sobre a pessoa para quem o problema não são representações do falso *self*, mas sim uma expressão prematura e perigosa do verdadeiro *self*. Uma pessoa que vive do falso *self* está preocupada com a conformidade, com a adaptação, e a natureza de sua vida é reativa, e não de uma continuidade do ser. Esses são os pacientes que esperam que falemos para que possam reagir aos nossos comentários, ou que trazem histórias intermináveis de suas reações a eventos em suas vidas. Porque isso é mais ou menos tudo o que eles conseguem fazer. Eles não sabem como iniciar a experiência, então desenvolvem uma forma reativa de viver.

6

Sobre celebração e crueldade

Como sabemos, é a capacidade facilitadora da mãe que torna possível a verdadeira autoevolução. Para uma criança, uma das principais características disso é a capacidade da mãe de cuidar e integrar o bebê. A evolução do verdadeiro *self* depende da função de contenção da mãe.

Com o tempo, a criança internaliza o processo de contenção da mãe. Em uma situação suficientemente boa, o bebê presume a utilidade da mente por causa da confiabilidade da mente da mãe. No entanto, se a criança experimentar o elemento de contenção da mãe como destrutivo, é possível que a mente se torne algo que pode ser muito assustador. A criança pode desenvolver uma inibição intelectual e atacar o pensamento como forma de demonstrar a experiência da mente materna.

Nesse tipo de caso, a compreensão do analista das representações simbólicas da criança mostra a ela a utilidade da mente. Embora as interpretações das representações simbólicas não possam ser utilizadas pela criança de maneira óbvia e específica, o pensamento do analista demonstra a confiabilidade da mente. Em outras palavras, a criança aprende a confiar na função mental de contenção do analista.

Se houver uma falha no desenvolvimento do verdadeiro *self*, o que acontece? Winnicott sempre pensou nisso como algo secreto ou que foi escondido. Ele não falou sobre isso em termos de fragmentação ou como algo que cria uma divisão.

É claro que deve ser possível que a psique da criança projete o potencial do verdadeiro *self* em outro objeto, de modo que elementos do verdadeiro *self* de um indivíduo sejam projetados no mundo dos objetos e mantidos lá por um tempo.

Essa projeção não seria de natureza fundamentalmente persecutória, representaria a preservação de uma possibilidade. Por exemplo, vi um paciente psicótico-histérico que tinha muitas fotografias de uma celebridade. A pessoa tornou-se uma projeção de seu verdadeiro *self*. No caso dela, a identificação projetiva transmitiu e armazenou o potencial do verdadeiro *self*.

Na relação psicanalítica, um paciente pode manter identificações projetivas do verdadeiro *self* até que experimente a mente do analista como segura o suficiente, ou boa o suficiente, para pensar e metabolizar seu próprio verdadeiro *self*. Em outras palavras, se o verdadeiro *self* receber o tipo certo de experiência na relação com os objetos, isso facilita o que Winnicott chama de *personalização*. A personalização tem a ver com a evolução do verdadeiro *self* para uma vida criativa. Não estamos falando do fator qualitativo da vida individual, ou do mundo interno em si, mas da experiência do *self* com o objeto, o que dá origem a uma crença segura de que se relacionar pode ser frutífero. Nós nos tornamos uma pessoa por meio de relacionamentos. Esse é um ponto crucial para Winnicott.

Uma alternativa seria a solução esquizoide, na qual a riqueza existe, mas apenas no mundo interno. Essa é uma situação na qual a criança não desenvolve o uso do mundo exterior de maneira que pareça criativa. Uma pessoa esquizoide pode escrever um grande romance ou uma sinfonia como alternativa à criatividade na vida. E crianças que são muito talentosas às vezes podem se voltar exclusivamente para o mundo interno como meio de tentar perceber elementos de seus verdadeiros *self*. Como diz Winnicott, para o esquizoide, a mente se torna a alternativa ao outro.

Clinicamente, sobretudo ao trabalhar com crianças, é interessante considerar como analisamos e trabalhamos com o verdadeiro *self* e analisamos o falso *self*. Da perspectiva winnicottiana, a análise da defesa, ou ansiedade, ou estados persecutórios é a análise do falso *self*. Isso sempre envolve a análise de pelo menos três pessoas: a criança, a mãe e o pai – e muitas vezes também a família.

Onde está o verdadeiro *self* durante essa longa análise do falso *self*? Acho que às vezes ele tem sua existência na imaginativa, agressiva e espirituosa existência da contratransferência do analista. Em algum momento o paciente entende que a questão é se o analista vai sobreviver e viver criativamente ou se ele vai "morrer". A morte do analista é representada pela falha clínica dele.

O trabalho interpretativo é, em geral, uma das funções da criatividade do analista: ele envolve a expressão do verdadeiro *self* na situação clínica. Felizmente, a maioria dos pacientes se identifica com o confronto deliberado, agressivo, animado e interpretativo do analista com o falso *self*. No entanto, para algumas pessoas, o ódio ao verdadeiro *self* se torna tão intenso que elas são impelidas a destruir o verdadeiro *self* do analista, destruindo, assim, a análise.

Como isso acontece? Há pacientes cujo desafio persecutório na transferência cria um falso *self* no analista. Estou pensando aqui em como as forças históricas nos obrigam a fazer uso de técnicas psicanalíticas como a do falso *self*. Nossa criatividade interior se torna problemática e nos vemos nos retirando de uma interação espontânea para uma relação interpretativa mais silenciosa e retraída com essa pessoa louca.

Acredito que o falso *self* no paciente pode ser analisado. No entanto, não acho que seja possível, nem seria desejável, analisar o verdadeiro *self*. Isso só pode ser comemorado. E é aí que entro em apuros com alguns dos meus colegas psicanalistas, que sugerem que estou gratificando o paciente ou que estou abandonando a análise. Não acredito que eu esteja fazendo isso. Acho que é muito importante em certos momentos apoiar e celebrar a visão do paciente sobre o analista e sobre a situação analítica como um objeto.

Permitam-me dar um exemplo. Ao trabalhar com Alex, um paciente maníaco-depressivo, fiquei imediatamente impressionado com a maneira extraordinária como ele se apresentava. Ele era um homem muito grande e sempre usava roupas pretas. Ele era muito grandioso, ocasionalmente ameaçador, e tinha fantasias de ser o Messias. No início, perguntei-me se ele aguentaria a análise.

Por sorte, Alex estava muito deprimido nos primeiros meses, então tive espaço para dizer o que pensava antes de um período maníaco chegar. Um costume surgiu entre nós em relação à análise de seu estado maníaco e falsas identificações. Quando ele ficava maníaco e as sessões eram verbalmente violentas, eu o interrompia com as palavras: "Quero dizer o que penso".

É claro que ele ficava muito irritado com isso. Ele fazia grandes discursos, e esse era um momento privilegiado. Eu interrompia o relato dele de sua preparação para a salvação da humanidade com minha linguagem empobrecida – insultando-o e, além disso, sugerindo que suas grandes ideias eram um reflexo de seu próprio desespero e sua impotência. Ele achava essas interrupções enfurecedoras e me dizia em termos inequívocos para ficar quieto. Eu dizia a ele que não ia ficar quieto. Uma vez ele até me disse que poderia me matar. Eu falei: "Por quê? Isso seria redundante, você já está me matando".

Por muitos meses, sessão após sessão, ele mostrava uma fúria violenta comigo por interpretar para ele o que ele estava dizendo. Não fiz o que a psicologia do ego e outras recomendavam na época: não apoiei suas defesas. Em vez disso, persisti em analisar sua estrutura maníaca e seus delírios de grandiosidade.

Fiz isso de uma forma específica. Eu dizia: "Alex, você não vai gostar do que estou pensando" ou "Bem, você ficou muito bravo comigo, mas agora realmente vai me odiar", e então fazia minha interpretação. Ele respondia: "Meu Deus, de jeito nenhum!" ou "Eu já sei o que você pensa. Por que você não cala a boca?". Eu esperava que ele respondesse isso e depois dizia: "Eu sei que você quer que eu cale a boca, mas vou te dizer o que acho".

Continuou assim por muito tempo. Após um tempo, quando Alex entrava nas sessões, comecei a sentir que ele estava gostando de nossos confrontos, tendo prazer em nosso combate verbal. O caráter da personalidade dele estava se tornando menos maníaco e mais agressivo. Enquanto no começo eu nem estava em seus pensamentos (ele se dirigia ao mundo), agora ele começava a zombar de mim, e eu comemorava a maneira brilhante com que ele zombava de mim. Ele podia ser muito crítico de formas maravilhosamente impactantes, e eu ria e dizia: "Extraordinariamente bem dito!". Eu queria celebrar o lado positivo da doença maníaca, o lado criativo. Zombar de mim constituía uma agressão afetuosa. Ele estava se relacionando comigo, e eu queria apoiar e celebrar o desenvolvimento do relacionamento com objeto. Para Alex, a descoberta de que ele poderia trazer uma agressividade verdadeira à sua relação com os outros e ao mesmo tempo aproveitar a situação foi uma grande conquista.

Winnicott acreditava que o ego da criança está em um estado de não integração. O conceito de não integração não depende da capacidade cognitiva. Tem a ver com a união das diferentes partes do *self* e, portanto, é uma realização da psique, não da mente.

Podemos dizer que, se a mãe e o bebê não conseguem encontrar um relacionamento suficientemente bom, o verdadeiro *self* do bebê não se materializa no relacionamento com os objetos e, a partir desse ponto, a doença psicológica se torna inevitável. Winnicott ressalta que, quando a criança se submete ao mundo dos objetos desde muito cedo, talvez por ser especialmente doce e charmosa, conseguimos ver a evolução do falso *self* dela nos primeiros meses de vida.

Uma das características essenciais da saúde do bebê é a capacidade de crueldade no uso do objeto. Ao se relacionar com a mãe, quando ele está se alimentando no peito, ele precisa ser capaz de não pensar nela, mas devorá-la, destruí-la e depois encontrá-la novamente. É importante ver como Winnicott difere da teoria da destruição de Melanie Klein com esse conceito crucial de destrutividade positiva.

O conceito de destrutividade positiva é tirado quase que diretamente da *Fenomenologia do espírito*, de Hegel. O uso sem piedade do objeto é o que Winnicott quer dizer com amor primário, e podemos ver que a agressão e a libido (desejo instintivo) se juntam e se fundem nesse momento. Se a crueldade não for alcançada ou se o uso implacável do objeto pela criança for perturbado, então podemos ver um solo fértil para o desenvolvimento da doença mental.

Sem dúvida, por ser pediatra, Winnicott notou as pontuações hipocondríacas e psicossomáticas do desespero infantil precoce. Então, por exemplo, ele via bebês que tinham dificuldade para engolir, ou vomitavam ou tinham problemas com a defecação. Winnicott sabia que essas operações somáticas de absorver e eliminar também poderiam ser atos metafóricos que expressam estados da mente. O bebê que não consegue se alimentar pode estar dizendo: "Não consigo absorver isso". Uma criança que não consegue defecar pode estar dizendo: "Não consigo me livrar do que absorvo". Um bebê que está sempre defecando ou urinando indiscriminadamente, sem noção de fronteiras, pode estar dizendo: "Não consigo segurar nada por muito tempo".

Em outras palavras, Winnicott estava vendo muitas maneiras pelas quais os bebês demonstravam problemas psicológicos por meio de estados somáticos. E é claro que ele também notava a natureza do relacionamento da mãe com o bebê, e era esse relacionamento que ele pretendia curar. Por exemplo, ao falar sobre o desenvolvimento da "capacidade de preocupação" do bebê, ele enfatizou que o potencial agressivo e destrutivo do bebê é muitas vezes maior do que sua capacidade reparadora. Então, quando o bebê destrói a mãe em sua mente, ele sente que há pouco que ele possa fazer para compensar suficientemente a destruição.

Como adultos, temos muitas maneiras de ser reparadores se tivermos sido destrutivos. Podemos pedir desculpas, comprar flores. Podemos fazer reparações. Mas de onde vem a capacidade reparadora do bebê?

Quando ele aborda o problema da posição depressiva nesse período de desenvolvimento, podemos ver como Winnicott se concentra na contribuição da mãe. Ele diz que um sorriso do rosto da mãe equivale a um dia inteiro de trabalho de reparação infantil.

É importante entender que a mãe transmite ao bebê seu prazer no que é intrinsecamente humano. No início, o bebê não consegue projetar a humanidade no objeto, mas sente o amor humano, sofisticado, na mãe e o absorve. Com o tempo, ele aprende a projetá-lo para seus próprios propósitos, mas não podemos supor que a criança já tenha as estruturas para essa projeção. Ela precisa descobrir tais capacidades e estruturas de dentro da mãe, e dessa matriz surgem novas capacidades projetivas.

O problema no bebê esquizofrênico, do ponto de vista de Winnicott, é que o bebê que está entrando na esquizofrenia está morrendo mentalmente. O bebê tem pouca noção de ser refletido, recebido ou visto pela mãe, portanto, sua vida instintiva não pode ser integrada ao seu desenvolvimento cognitivo. Na minha opinião, o bebê maníaco-depressivo não consegue fazer reparos com a mãe por causa do ódio. Até certo ponto, o senso de tempo de pacientes maníacos é quase equivalente à temporalidade do inconsciente da qual Freud fala. O paciente maníaco-messiânico vive em um mundo atemporal. Porque ele não é capaz de vincular um senso de tempo por meio do relacionamento com os objetos, não há recepção para sua reparação. E como ele é incapaz de salvar uma pessoa, ele deve, portanto, tornar-se o Messias para resgatar toda a humanidade.

7
Objetos transicionais

Vamos começar com uma citação de Winnicott em seu artigo de 1951, "Transitional objects and transitional phenomena":*

> Eu introduzi os termos "objetos transicionais" e "fenômenos transicionais" para designar a área intermediária da experiência, entre o polegar e o ursinho de pelúcia, entre o erotismo oral e o relacionamento verdadeiro com os objetos, entre a atividade criativa primária e a projeção do que já foi introjetado, entre o desconhecimento primário de dívida e o reconhecimento dela ("diga: bigado!"). (TP230)

Vamos desconstruir essa definição para tentar chegar à mensagem central de Winnicott. Ele disse: "Eu introduzi os termos 'objetos transicionais' e 'fenômenos transicionais para designar a área intermediária da experiência". A palavra-chave aqui é "designar". Ele utiliza os termos como significantes arbitrários, a fim de identificar uma área

---

* N. de R.T. Publicado em português sob o título "Objetos e fenômenos transicionais", no livro *O brincar e a realidade*.

da experiência. Como discutiremos, essa é uma área intermediária: um estado entre outros dois. Ela não está especificamente localizada na psique ou no mundo exterior.

Infelizmente, ao usá-la de várias maneiras diferentes, Winnicott sobrecarregou a noção de uma área intermediária entre formas de uso do objeto. Ela pode ser chupar o polegar, abraçar o ursinho de pelúcia ou uma forma específica de se relacionar com um objeto, como o erotismo oral ou os relacionamentos com objetos verdadeiros. Ela também pode se referir a formas de vida mental que existem entre a criatividade primária e a projeção da introjeção. Por fim, ela pode ser utilizada para um lugar intermediário entre duas posições, por exemplo, desconhecimento de uma dívida e reconhecimento dela.

No entanto, em seu próximo parágrafo, a maneira única como Winnicott fala nos apresenta o contexto já citado. Ele diz:

> Por essa definição, o balbucio de uma criança ou a maneira como uma criança mais velha passa por um repertório de músicas e melodias enquanto se prepara para o sono entram na área intermediária como fenômenos de transição, juntamente com o uso de objetos que ainda não fazem parte do corpo da criança e não são totalmente reconhecidos como pertencentes à realidade externa. (TP230)

O ponto importante aqui é que um processo, nesse caso o balbucio do bebê, é um fenômeno de transição que ocorre na área intermediária. É a qualidade intermediária do espaço que constitui o fenômeno que Winnicott está descrevendo. Os objetos podem entrar nesse espaço, mas não são em si mesmos a essência do intermediário.

É importante enfatizar isso porque muito do que foi escrito sobre objetos de transição implica que é o objeto em si que define a transicionalidade. Por exemplo, um bebê pode estar brincando com alguma coisa macia. Isso constitui de fato um objeto de transição? Não necessariamente. Para que um objeto seja transicional, ele deve ser utilizado em uma área específica de experiência, na área intermediária que existe entre o estritamente interno, a área de alucinação e desejo puro, e o estritamente externo, a área do mundo dos objetos reais.

Nesse artigo, Winnicott esclarece ainda mais esse conceito. Ele diz que nossa compreensão psicanalítica habitual da natureza humana, de que fundamentalmente há uma realidade interior que pode ser rica ou pobre, não é suficiente. Entre os mundos interno e externo, há "uma terceira parte da vida de um ser humano, uma parte que não podemos ignorar, uma área intermediária de *experiência*, para a qual a realidade interna e a vida externa contribuem" (TP230).

A palavra crucial aqui é "experiência".

Embora Winnicott não estivesse se esforçando para fazer um argumento filosófico profundo, é como se ele estivesse pegando a resposta de Hegel à *Crítica da razão pura* de Kant, em sua *Fenomenologia do espírito*, e dizendo que sim, é verdade que não entendemos a coisa em si, mas temos uma *experiência* da coisa em si. Embora não possamos representar essa coisa, nós a experimentamos e somos moldados por ela.

Uma das características mais importantes da técnica clínica winnicottiana é o esforço do analista para identificar e apoiar a atividade do verdadeiro *self* nas sessões. O desenvolvimento da transferência e o uso do analista como objeto de transferência não equivalem ao surgimento do verdadeiro *self*. Ele chega por meio de certo tipo de vivacidade e reflexão desinibida.

O prazer na diferença aparece de muitas maneiras, mas só é possível desenvolvê-lo se o analista estiver disposto a criar um espaço no qual isso possa ocorrer. A atenção de Winnicott – e isso também vale para Masud Khan, Marion Milner e outros analistas do grupo Independente – se concentrava na capacidade (ou na incapacidade) do paciente de estar vivo na sala com o analista; vivo em seu senso de animação, em sua agressão, em sua sensualidade e em sua capacidade lúdica. A atenção desses analistas era direcionada tanto para esse aspecto quanto era para a transferência. Esse espaço de experiência não está aliado ao interior ou ao exterior e, embora possa oferecer um encontro, não visa a produzir uma síntese entre eles. Na verdade, é como se as categorias de interno e externo fossem inexistentes. Essa é uma característica criativa da ambiguidade. A clareza ou o foco analítico em tais momentos impediria o uso do espaço intermediário pelo paciente.

Os pacientes sentem que a psicanálise é uma forma muito especial de teatro. É um lugar para representações, narrações e reexperimentações. Por exemplo, digamos que um paciente fale sobre o pai de maneira que seja ao mesmo tempo melancólica e crítica. Ele acredita que está dando um relato verdadeiro sobre o pai?

Eu duvido. Quando Laertes salta para o túmulo com Hamlet e ficamos angustiados com a confusão terrível e bizarra entre eles, será que realmente pensamos que eles vão se matar – que vamos acabar com dois atores mortos no palco? Não. Mas nossos sentimentos são tão intensos quanto se isso fosse acontecer.

Da mesma forma, quando o paciente fala de maneira triste sobre o pai, nós tratamos isso como se fosse pura alucinação? Espero que não. Tenho o receio de que alguns psicanalistas usam todas as oportunidades possíveis para interpretar os objetos narrativos de um paciente como referências à transferência. O paciente diz algo como: "Estou pensando no meu pai. Fico triste porque acredito que ele nunca me entendeu, e isso me deixa com raiva". E o analista pode dizer algo como: "Acho que você também se sente zangado com esse pai analítico e triste com o estado das coisas entre nós dois". Essa é uma interpretação de transferência do aqui-agora.

Na verdade, acredito que as interpretações mais importantes que fazemos são de transferência no aqui-agora, mas é como se nos tornássemos tão apaixonados por nossa própria invenção que abusamos de seu uso. Alguns analistas fazem essas interpretações a cada poucos minutos. Claro que isso torna nosso trabalho altamente complexo bastante simples, e isso é sedutor, mas é esse tipo de ação analítica habitual que inspirou Winnicott a escrever *O brincar e a realidade*, pois ele estava preocupado que o uso abusivo da narrativa do paciente pelos analistas para fins psicanalíticos predeterminados impedisse a verdadeira experiência. Se o paciente que critica o pai de maneira triste é recebido automaticamente com uma interpretação de transferência, isso pode privá-lo da experiência que pode estar evoluindo, silenciosamente, dele com seu pai.

Tanto na tradição freudiana clássica quanto na kleiniana, houve ênfase consistente e compartilhada na análise do "material clínico". Esse termo concretiza algo imensamente complexo. Penso nisso agora como uma forma muito estranha de falar sobre a presença de um paciente na análise. Em contrapartida, talvez metaforize o que fizemos na sessão. Nós a transformamos em uma substância – terra para terra, cinzas para cinzas, pó para pó. Nós amortecemos a situação, penso eu, quando utilizamos a palavra "material" e insistimos nela para nossos próprios propósitos didáticos.

O material do paciente é a essência da narrativa. É sobre o que a pessoa fala. Para simplificar Winnicott, poderíamos dizer que, por "experimentar", ele está se referindo à natureza da presença da pessoa no espaço psicanalítico. O analista clássico pode dizer que esse é um fenômeno bem reconhecido e que a teoria clássica dos afetos aborda essa questão. No espaço analítico, o paciente pode estar ansioso, alegre, deprimido ou ávido. Essa é a experiência do paciente nesse espaço.

Um analista kleiniano pode responder que coloca grande ênfase na experiência do paciente na sessão ao observar atentamente como ele faz uso da interpretação analítica, se ele integra as palavras do analista, ou projeta partes de si mesmo no analista, ou aspectos da interpretação do analista, em um objeto narrativo.

Essas visões de experiência – a visão clássica do estado afetivo do paciente e a visão kleiniana das respostas introjetivas e projetivas do paciente – abordam o que Winnicott está falando? A meu ver, o espaço intermediário que ele identifica não é definido na teoria clássica ou kleiniana. Nenhuma dessas tradições tem um conceito de espaço na análise em que a experiência do paciente é o vetor do movimento analítico, ou de uma experiência que não é um estado afetivo ou um movimento intersubjetivo, mas que permite a criação de significado pelo paciente.

Brincamos e temos prazer no valor de nossa existência. Experimentar nossa vida é sentir o surgimento do verdadeiro *self* por meio do espaço de transição, em que não há reivindicação de significado, seja dos auditores da realidade interna, do psicanalista ou da realidade externa – o sociólogo ou, infelizmente, em alguns casos, o Estado.

Para Winnicott, o verdadeiro *self* e sua facilitação evoluem para um padrão pessoal ao longo de uma psicanálise, e o espaço de transição é crucial para essa evolução. Por meio dessa facilitação e da criação desse espaço, algo de central na pessoa se estabelece.

Esse foco é diferente do sugerido pela teoria do inconsciente de Freud?

O modelo freudiano, que todos utilizamos e que é muito importante para nós, centra-se mais ou menos em torno da ideia de repressão e do retorno do reprimido. Portanto, tem como objetivo a descoberta do que foi doloroso demais para suportar e a reintegração desses sentimentos dolorosos no ego. Há um esforço para analisar a fonte do conflito, a fim de libertar os afetos associados a ele.

O verdadeiro *self* não pode ser articulado na teoria freudiana. Ele não está vivo no modelo topográfico, pois não é o inconsciente reprimido dinamicamente nem o inconsciente reprimido primário. O verdadeiro *self* é uma disposição herdada. Winnicott acredita na centralidade da herança genética. Ela está lá antes do nascimento e forma o núcleo da pessoa. A questão é: como esse verdadeiro *self* evolui no sistema de cuidado materno? Como o analista pode criar condições para a redescoberta do verdadeiro *self* e seu ressurgimento?

Vamos tentar definir a área intermediária de experiência nesta sala. Estamos todos aqui. Durante este discurso bastante longo, muitos de vocês terão vagado pelo mundo interno, terão tido fantasias e devaneios, ou terão se lembrado do que devem fazer nesta tarde. A área intermediária da experiência não é essa comunhão com o mundo interno, nem é o texto da minha palestra, que, para nossos propósitos, é a base de suas realidades externas nesta sala.

Então, onde está a área da experiência? Bem, ela estará presente naqueles momentos em que eu disser algo que vocês achem inspirador ou comovente, e vocês brinquem com isso, levem isso para suas mentes por um tempo e desfrutem disso. E isso é o suficiente.

Se eu continuar por muito tempo, vocês cansarão e não conseguirão mais utilizar essa experiência. Vocês podem então recorrer a escrever o que eu digo. Do ponto de vista winnicottiano, isso seria usar a mente como defesa contra a realidade: ou seja, tentar fazer as ideias trabalharem para vocês, escrevendo-as, pois vocês estão cansados e não conseguem mais pensar. Alternativamente, vocês podem voltar a sonhar acordados e fantasiar, ou serem transgressores e virar para a pessoa ao lado para conversar sobre algo mais interessante.

É claro que, em uma sala tão grande e com tantas pessoas, não é certo generalizar sobre um espaço transicional ou uma experiência intermediária. Mas se eu começasse a falar de uma maneira monótona de modo que vocês achassem minha voz insuportável, ou se tudo o que eu dissesse fosse previsível, então o uso de mim por parte de vocês não aconteceria. Ou seja, vocês não conseguiriam me usar para elaborar a própria criatividade interior. Não haveria a experiência em relação a mim. Isso é o que Winnicott está tentando dizer ao descrever a situação analítica.

Então, qual é a tarefa do analista? É criar um espaço no qual seja possível o paciente utilizar o analista. Se eu apontasse para alguém aqui na plateia e dissesse: "Você poderia me dizer agora o que tenho falado nos últimos 45 minutos?", será que essa pessoa seria capaz nesse momento de viver em um espaço transicional? Não. A ansiedade dela seria tão grande que isso seria impossível.

Na psicanálise clássica, o paciente tem a obrigação de relatar o que está pensando ao analista. Isso é chamado de "o trabalho de uma análise". O silêncio é tratado como uma resistência que deve ser superada. Na minha opinião, uma pessoa com essa obrigação interna será incapaz do tipo de experiência de que estamos falando nesta manhã.

Como podemos definir a gratificação da experiência do verdadeiro *self* de seu próprio desdobramento? Seria um prazer instintivo? Envolve o corpo, mas não é o corpo da função instintiva. Talvez seja mais importante dizer que esse é o prazer do ego corporal, ou o prazer de vir a existir, o desejo do ego.

Em seu artigo "The capacity to be alone" (1958),* Winnicott chama isso de *relacionamento do ego* e diz que é uma forma de êxtase: o prazer do ego de estar com uma mãe que sabe como viver com o bebê. Em seu ensaio "The theory of the parent-infant relationship" (1960),** ele aborda como o verdadeiro *self* pode surgir apenas por meio da capacidade da mãe de facilitar a continuidade do ser da criança: uma continuidade relativamente ininterrupta que permita que o idioma próprio se desdobre.

---

* Em MP, pp. 29-36. [N. de R. T. Publicado em português sob o título "A capacidade para estar só".]
** Em MP, pp. 37-55. [N. de R. T. Publicado em português sob o título "Teoria do relacionamento parterno-infantil".]

8
Os usos da ilusão

Um sonho é uma realidade para uma criança. Uma realidade em que os pais não estão prontamente à disposição. Uma criança pequena que sonha que está em um ônibus escolar que sai da estrada e cai dentro de um lago realmente acredita que está se afogando. Ela chama pela mãe, no entanto, ninguém aparece.

A maioria das crianças sabe que um sonho não é necessariamente um mundo seguro ou reconfortante. O medo do escuro deriva dos encontros com os fantasmas que vivem em seus sonhos. Quando vamos dormir, eles são livres para entrar e sair de nossa vida mental. A escuridão que assusta a criança não é simplesmente a das luzes apagadas para a hora de dormir, é também a eliminação da luz que vem com o fechamento dos olhos e a perda da consciência.

Em antecipação a essa transição da relativa segurança do domínio da mãe e do pai para o mundo do sono, em que tudo pode acontecer, a criança pode desenvolver um amor intenso por um objeto que deve estar presente com ela nesses minutos cruciais antes da jornada para os sonhos.

Esse é um momento transicional.

O objeto transicional representa uma capacidade emergente de reconhecer que o sonho é uma ilusão. A criança não consegue controlá-lo e, quando acorda, não consegue distinguir imediatamente o sonho da realidade. O cobertor ou o ursinho de pelúcia é um companheiro, um compatriota na criação de ilusões durante o dia. Então, quando a criança vai para o mundo dos sonhos, seu companheiro vai com ela. Poucas crianças vão dormir totalmente sozinhas.

Como o objeto transicional reflete a capacidade de fazer ilusões, ele deve ser preservado como algo muito especial. Ele é como um amigo que entra no espaço do sonho com a criança, um significante de sobrevivência e de prazer. Ele preenche o abismo entre o reino alucinatório dos sonhos e a vida imaginativa da mente desperta. Ele não deve ser trocado ou lavado pelos pais, pois não é algo inteiramente deste mundo. Alterá-lo significaria alterar o imaginário, seja nas brincadeiras ou nos sonhos.

Se enxergamos ele dessa maneira, podemos dizer que o objeto transicional representa a experiência da criança com a função da ilusão. O conhecimento da vida de faz de conta como intermediário entre a alucinação e a objetividade ajuda a criança a ir dormir. Esse conhecimento traz consigo a experiência desse intermediário, pois a criança entra em um mundo onde sabe que essa distinção de uma área intermediária pode ser erradicada.

Pode ser que as crianças que invistam demais em manter o objeto transicional com elas durante o dia estejam sentindo alguma ansiedade sobre a segurança da ilusão. Se houver uma incerteza sobre o lugar do uso imaginativo do objeto, sua presença real pode substituir sua representação da experiência. À medida que o objeto em si ganha significado, a função que ele representava antes se torna menos importante.

Winnicott diz que o objeto transicional pode ser o polegar, pode ser a mãe, pode ser o pai, pode ser o cabelo, pode ser uma música, pode ser um som. Pode ser qualquer coisa. O que ele não diz, no entanto, é que uma criança pode fazer uso de um espaço transicional e de fenômenos transicionais sem que nenhum objeto esteja presente. Não precisamos do objeto para autorizar o uso do espaço transicional, mas ele se torna vital quando a capacidade da experiência de transição está sob algum tipo de ameaça.

Ao considerar a função da ilusão em seu ensaio de 1951 sobre objetos transicionais, Winnicott traz o importante ponto de que a ilusão se origina para o bebê em virtude da adaptação de quase 100% da mãe às suas necessidades. O exemplo que ele dá é de que a mãe cria a ilusão de que o seio dela faz parte do corpo da criança. Então, se voltarmos para a criança indo dormir com o objeto de transição, poderíamos dizer que esse objeto herda a primeira ilusão da presença do seio. Quando o bebê acorda de um sonho assustador, esse seio ilusório sempre presente o conforta quando a mãe não está lá como uma presença física.

Winnicott escreve que uma mãe suficientemente boa cria uma ilusão de que o bom seio está sempre lá – mesmo durante o sonho assustador – e, ao alimentar, acalma. A criança, ao voltar a dormir, encontra paz de espírito. Desse modo, a capacidade de uso da ilusão surge da experiência do bebê com a adaptação da mãe às suas necessidades.

O companheiro original, portanto, é o seio. Quando o bebê acorda de um pesadelo, o despertar pode ser visto como rejeição ou separação dos objetos internos persecutórios. Ele pensa: "Não, não sou eu. Não é o meu mundo", e com isso vem o seio para assegurar-lhe de que tudo está bem. Ele livra o bebê da angústia e a transforma em gratificação. Isso o ajuda a passar de um pesadelo para um estado de sonho benigno.

Embora uma criança tenha alguma representação mental do seio bom como objeto interno, o valor da ilusão do seio que parece estar sempre presente não está em sua corporeidade como coisa, mas no que ele proporciona. Nos momentos de angústia e perigo, somos salvos pela intervenção milagrosa do objeto calmante. A ilusão transforma-se em um sentimento de força interior.

A ilusão é a base da crença. No decorrer da infância, com o uso da função da ilusão – em que um galho se torna um foguete para explorar o espaço sideral – a criança descobre o valor de ceder a algo que poderíamos chamar de fé. Isso envolve fazer uso do processo materno. Ela sabe que não vai cair na psicose se ceder à crença de que o foguete existe. Sabemos que podemos imaginar de maneira segura porque retornamos do imaginário com segurança. Esse continua sendo um princípio subjacente de nossa existência.

Vocês se lembram da teoria da espátula de Winnicott e do período de hesitação? Ele notou que, se colocasse uma espátula na mesa entre ele e o bebê, este olhava para a espátula e depois se virava. Mas então, aparentemente indiferente, o bebê voltava a olhar para o objeto, começava a babar e então tentava colocá-lo na boca.

Até certo ponto, quando o paciente vê o analista, ele se vira. Deitado no divã com o analista fora da sua vista, ele é livre para criar o analista. Dessa maneira, embutido na estrutura da psicanálise está o período de hesitação que Winnicott considera fundamental para todas as crianças em termos de uso do objeto. Na análise, o paciente tem a oportunidade de criar um objeto subjetivo, ao passo que na psicoterapia frente a frente, com o objeto sempre à vista, acho que é mais difícil. Na análise, temos a sensação de que o paciente está nos criando, nos inventando e geralmente desfrutando da invenção desse companheiro que é o analista.

Lembro-me do caso de uma garotinha extremamente inibida. Ela fez um desenho de sua casa em que havia muitos cômodos, todos perfeitamente divididos. Em uma sala havia uma televisão e, em outra, havia uma aranha. Ela tinha alguns medos ligados a assistir à televisão. Era assustador porque havia alguma confusão entre ela e os programas de televisão. A aranha que ela criou era o único objeto vivo naquela casa, e acho que representava sua vida instintiva. A aranha era sua maneira de expressar seus instintos, e pensei que isso deveria ser algo a ser celebrado pelo terapeuta: "Ah, uma aranha!". Isso apoiaria a ideia de que os instintos e a expressão da vida instintiva eram importantes e valorizados na evolução da análise dela.

A celebração das comunicações do(a) analisando(a) é uma forma de interpretação.

9

Comunicação/ não comunicação

A "solidão essencial" é o ser do bebê pré-dependente. Temos memórias disso. Uma forma de pensar sobre isso é imaginar o espaço interno que carregamos conosco para receber nossos sentimentos e nossos pensamentos. Sabemos que grande parte de nossa vida interna é gasta em conversas silenciosas com nós mesmos, mas há momentos em que há pouca ou nenhuma conversa ocorrendo nesse teatro. Ele é, então, uma câmara vazia.

A solidão essencial é um sentimento primário que carregamos conosco ao longo de nossas vidas. À medida que nos aproximamos da morte, nossa percepção sobre ela nos é informada por nossa história de solidão essencial, que nos guia de volta à preexistência. Para Winnicott, essa solidão inerente pode ser impactada pela ansiedade e por estados psicopatológicos, mas geralmente é uma parte pacífica da personalidade.

Talvez vocês consigam enxergar por que Winnicott valoriza um tipo específico de silêncio na sessão psicanalítica, um silêncio habitado pela solidão essencial. É um grande erro considerar tal silêncio como resistência ao discurso quando, na verdade, ele é a voz silenciosa do ser. O cenário psicanalítico e a experiência de estar sozinho na presença do analista evocam a solidão inerente. Ela é inalterada e imutável, mas agora é compartilhada com o outro. Tanto o paciente quanto o analista conhecem a solidão primária, mesmo que ela permaneça para sempre impensada.

O que estamos discutindo tem pouco a ver com os relacionamentos com objetos. De certa forma, aproxima-se do conceito de Winnicott de "não comunicação simples".* Aqui ele não está insinuando algo simplório, sem profundidade. É uma vivência de algo profundo no núcleo do *self*, que, por meio de sua forma, se torna uma comunicação, um transporte. Como veremos mais adiante, esse não comunicar não tem intencionalidade, não faz parte de um relacionamento com objeto. É algo que simplesmente existe em seu próprio espaço.

A teoria da percepção endopsíquica de Freud torna possível entender que temos alguma percepção/memória da evolução do nosso *self*, da não vivacidade até a solidão primária e a continuidade do ser. Então temos sonhos ou fantasias que remetem a essa memória da evolução psíquica ou que representam a própria estrutura psíquica?

Há uma parte do conhecido não pensado que permanece um segredo até para nós mesmos, não importa o quão diligentemente busquemos conhecê-lo. Winnicott aborda a organização do ser anterior à linguagem e considera que elementos do verdadeiro *self* podem ser elaborados por meio da psicanálise, sobretudo por meio das formulações líricas e da linguagem específicas da livre associação e dos discursos densos e curiosos na transferência e na contratransferência. No entanto, todos nós morremos com apenas uma pequena parte do nosso verdadeiro *self* tendo sido articulado.

Talvez, no final, o objeto de transição seja o único objeto do verdadeiro *self*. Ele reflete a nossa linguagem e, pelo uso desse objeto, o caráter do verdadeiro *self* recebe uma representação metafórica.

Em seu ensaio "Comunicação e não comunicação levando ao estudo de certos opostos (Communicating and not communicating leading to

---

* Ver "Communicating and not communicating leading to a study of certain opposites" (1963), em MP, p. 183. [N. de R. T. Publicado em português sob o título "Comunicação e não comunicação levando ao estudo de certos opostos", no livro *O ambiente e os processos de maturação*.]

study of certain opposites)",* Winnicott examina a comunicação que ocorre com nossos objetos subjetivos. Ele diz: "na medida em que o objeto for subjetivo, *é desnecessário que a comunicação com ele seja explícita*" (MP182). Ele sustenta que o *self* que não se comunica reflete um núcleo pessoal realmente isolado.

Pode ser difícil ponderar sobre uma comunicação com uma parte isolada do *self* que esteja além do nosso conhecimento, mas acho que sabemos disso por nossa própria vida interior. Estamos sempre em alguma relação com a parte de nós mesmos além da consciência, e há uma forma de comunicação não explícita entre nossa consciência e nosso inconsciente. Não é algo intencional, não tem objetivo e sempre estará além do esforço analítico.

Em meu artigo "Ordinary regression to dependence",** escrevo sobre processos mentais que derivam do núcleo do *self*. Talvez haja alguma relação entre esses processos e a ideia de Winnicott sobre o *self* isolado. Em seu ensaio, Winnicott distingue entre dois tipos de mãe, a "mãe-ambiente" e a "mãe-objeto". A "mãe-ambiente é humana", diz Winnicott, e "a mãe-objeto está mais para coisa" (MP182-3). Há uma intercomunicação entre o bebê e a mãe-ambiente que é, como ele diz, "sutil até certo ponto" (MP183). Em certo sentido, não é significativo falar sobre uma distinção entre a "mãe-ambiente" e a criança, mas poderíamos dizer que a intercomunicação entre elas elabora essa comunicação entre a parte consciente de nós mesmos e a solidão primária.

Winnicott faz uma distinção entre uma simples não comunicação e uma "não comunicação ativa ou reativa" (MP183). Ele diz que a primeira "é como descansar. É um estado por si só, que passa para comunicação e reaparece naturalmente" (MP183). Em outras palavras, há uma oscilação em nossas vidas entre o "simples não se comunicar" e o desejo ou a necessidade de se comunicar.

■

* N. de R. T. Publicado em português sob o título "Comunicação e não comunicação levando ao estudo de certos opostos".
** Ver *The shadow of the object*. London, Routledge, 2018. pp. 173–185. [N. de R. T. Publicado em português sob o título "Da agressão normal à dependência", no livro *A sombra do objeto*.]

Ele passa a fazer o que é para mim uma conexão muito importante quando diz que "se deve ser capaz de fazer uma afirmação positiva do uso saudável da não comunicação no estabelecimento do sentimento de real" (MP184). Essa é uma das prioridades do enfoque de Winnicott para a análise: fornecer condições que permitam à pessoa experimentar seu próprio senso interior de realidade pessoal. Sentir-se real. Talvez o relacionar e o comunicar mais significativos sejam silenciosos.

Se acreditamos que a falta de comunicação é um elemento positivo, então, em uma análise, é importante que ela seja permitida para que o paciente se sinta pessoalmente real e verdadeiramente presente em sua análise. Exceto quando estamos com alguém com quem somos profundamente próximos, provavelmente vale para a maioria de nós a afirmação de que só estamos completamente relaxados quando estamos sozinhos. A presença do outro convida ao trabalho.

Em seu trabalho clínico, acho que Winnicott tentou possibilitar que o paciente alcançasse aquele estado de relaxamento total que precisa existir para que o indivíduo esteja sozinho ou sozinho na presença de alguém. E sabemos que, se pacientes ficam sem falar por muito tempo, eles podem se sentir constrangidos. Essa é uma indicação da tensão à qual estão submetidos, e com alguns pode levar muito tempo até que eles consigam se sentir à vontade em não se comunicar. Winnicott escreve:

> Eu acrescentaria que há um desenvolvimento direto, na saúde, dessa comunicação silenciosa até o conceito de experiências internas que Melanie Klein descreveu tão claramente. (MP185)

Ele completa:

> Sugiro que, na saúde, existe um núcleo para a personalidade que corresponde ao verdadeiro *self* da personalidade dividida; sugiro que esse núcleo nunca se comunica com o mundo dos objetos percebidos

> e que a pessoa individual sabe que ele nunca deve se comunicar com ou ser influenciado pela realidade externa. (MP187)

Essa é uma afirmação radical para um psicanalista fazer. Não conheço mais ninguém na história da psicanálise que tenha feito esse comentário, e pode levar muito tempo até que realmente entendamos o que ele quer dizer.

10

Ser e espaço potencial

Para começar nossas discussões desta semana, revisarei algo do que estudamos até agora.

Winnicott acredita que, no que diz respeito à continuidade do ser das crianças, não se perde nada do que elas experienciam. De alguma forma, lembramos de tudo, embora, como certamente é o caso, a maior parte do que sabemos seja inconsciente.

Permitam-me enfatizar a significância desse ponto, da ideia de que lembramos de tudo o que experienciamos. Algum tempo antes do nascimento, o feto vive uma transição extraordinária da não existência para a existência. Neste ponto da existência, Winnicott diz que há uma solidão primária que é a primeira base de nossas vidas. Carregamos isso conosco para sempre, e há uma área no *self* para a qual podemos re-tornar para experimentar essa solidão.

Essa solidão essencial pode ser vista como o início da continuidade de nosso ser, o que é diferente de nossa vivacidade. Ser, em certo sentido, ocorre dentro de nós, mas parece não ser de nossa própria posse, de nossa própria criação. É mais uma qualidade, um universal.

A diferenciação entre o "ser" e a "vivacidade" faz-nos lembrar de algumas filosofias continentais importantes. Essa distinção existe em Heidegger e certamente em Sartre, que distingue entre "ser em si" e "ser para si". "Ser em si" refere-se ao conceito do ser de Winnicott e, portanto, à solidão primária. "Ser para si" é um ato: um desenvolvimento, um movimento do sujeito e próximo ao conceito de Winnicott de vivacidade. Tanto para Sartre quanto para Winnicott, o ser em si não é histórico, ao passo que o ser para si e a vivacidade são históricos na medida em que o sujeito cria sua história.

Talvez existam indivíduos, como aqueles que são profundamente autistas, que excluam todas as características da existência humana, exceto a sensação de solidão essencial. Isso é uma forma de privacidade. Quando esta é desafiada pelo outro, o sujeito pode retirar suas catexias objetais para reunir toda a sua personalidade em uma espécie de abrigo para a proteção total de sua solidão.

Isso sugere que podemos reconsiderar a tendência da criança autista de criar tal proteção como sendo uma realização positiva. Quando estamos com ela, o mais impressionante é a solidão radical dela. Ela pode ser tão eficaz que parecemos não ter nenhuma influência sobre sua presença.

Poderia a ideia de solidão de Winnicott ser estendida ao encontro do sujeito com a lógica inexprimível da ordem universal que autoriza e governa a existência da vida orgânica e do movimento inorgânico? Talvez nossa afinidade com o mundo natural seja, em parte, uma percepção endopsíquica, por meio da qual temos uma afinidade com a própria estrutura da vida.

Quando a vivacidade começa a emergir da solidão primária, ela é um processo puramente somático que carrega consigo seus próprios sentidos e suas memórias. Winnicott a descreve como "a grande mudança" da vida fetal para a existência no mundo exterior. Isso é algo que assumimos como certo.

Neste ponto, vou divagar por um momento. Estamos em um momento específico da história da psicanálise, no qual algo como uma nova libertação deve ocorrer. Entre muitas outras conquistas, Freud libertou a sexualidade da criança e da mulher histérica. Ele possibilitou à profissão psicanalítica compreender o significado da sexualidade infantil e da sintomatologia histérica. Klein libertou a psicose das correntes do preconceito. Ela fez com que pudéssemos acreditar na psicanálise da pessoa psicótica.

Como Freud libertou a criança, ele possibilitou que todos nós entrássemos em contato com as partes infantis de nós mesmos. Da mesma forma, Klein nos deu acesso às nossas partes psicóticas. Parece-me que o que Winnicott está tentando fazer por meio da metáfora e da imaginação é libertar nosso *self* como feto e bebê. Ele nos encoraja a pensar nos estados psíquicos do feto e a ter em mente que temos dentro de nós memórias e estruturas de nosso ser antes de nascermos.

Em *A interpretação dos sonhos*, Freud observou que, quando dormimos à noite, assumimos uma posição fetal. O sono ocupa grande parte de nossa vida, e quando o consideramos, juntamente com sua relação com o sonho, estamos em certo sentido discutindo fenômenos do *self* fetal. Parece haver resistência à ideia de significância de uma vida fetal, mas, para nos ajudar a superar isso, não temos apenas Winnicott, mas também Bion.

Em seu extraordinário livro *Uma memória do futuro*, Bion tenta criar um espaço imaginativo para a existência fetal. Em sua ênfase nos elementos da vida mental, ao invés das personalidades, ele torna possível traçar certos elementos de volta a esse estado pré-parto. Talvez a preocupação materna primária seja baseada, até certo ponto, nas memórias inconscientes da mãe de sua própria transição da vida fetal para a vida pós-fetal.

Já abordamos a etapa seguinte, na qual a mãe fornece ao novo bebê a ilusão de que o mundo emerge segundo as necessidades dele. Possivelmente, por meio de uma maternidade suficientemente boa, ela o ajuda de maneira gradual a descobrir os limites da ilusão, conforme ela progressivamente se recusa a apoiar a expectativa de onipotência do bebê. Quando a criança aprende a engatinhar e consegue se mover de forma independente em seu ambiente, ela descobre que as coisas que encontra não saem do seu caminho. Ela encontra a inevitável resistência dos objetos comuns.

É significativo que Winnicott nunca tenha falado em a mãe criar para o bebê um *senso* de onipotência. Ele diz que ela cria a *experiência* de onipotência. São dois estados muito diferentes. Criar experiências de onipotência no estágio inicial é uma função da mãe suficientemente boa. Se uma sensação de onipotência é o resultado, houve uma falha na maternidade boa o suficiente. Com o fornecimento contínuo da ilusão, a mãe cria um novo espaço para o bebê. Ele é um espaço potencial, um lugar para experimentar, uma "terceira área". As outras duas áreas são o mundo puramente interno e o mundo puramente externo. É natural que uma das primeiras tarefas da infância de uma criança seja aprender a distinguir entre a realidade interna e a externa. No decorrer dessa diferenciação gradual, a mãe introduz objetos (como o seio) no momento da necessidade infantil, e essa provisão de ilusão é a precursora da capacidade de utilizar o espaço potencial.

O espaço potencial torna-se uma área de transição quando o bebê se sente à vontade para possuir seu primeiro objeto "não-eu", e há um prazer na qualidade de coisa do objeto que permite que o bebê invente seu significado para ele. Lembre-se, o objeto é posse dele. O bebê trata o objeto dessa maneira, e ter a sua posse lhe permite dar a ele seu próprio significado. É isso que permite que o bebê represente o uso que faz dele como um objeto.

Winnicott refere-se a esse espaço como uma "área de experiência". "Experimentar" é uma palavra especial para Winnicott. Não é algo puramente interno, como fantasia; é composta do encontro imaginativo do sujeito com o mundo real. Isso também se aplica em um sonho, quando o real é representado de forma disfarçada.

Winnicott fala sobre "dependência" e, ao fazê-lo, está enfatizando o significado, não o significante. Ele defende que é importante observar como e por que *de verdade* o bebê é dependente. Bebês e crianças pequenas não conseguem se virar sozinhos, e os adultos precisam ter em mente o que sem dúvida precisamos perder: que, na verdade, somos seres completamente dependentes.

Essa era a crítica contínua de Winnicott a Klein. Ele acreditava que ela simplesmente não considerava de maneira adequada a dependência do bebê, não de um objeto interno, mas de uma mãe real que era necessária para preservar sua existência. Por causa disso, o bebê é afetado pela natureza de seu ambiente, o que pode lhe dar uma sensação de confiança ou de precariedade. Isso é determinado pela acumulação de experiências que se somam às memórias – como padrões derivados de experiências vividas – para que, no final do primeiro ano de vida, possamos começar a falar de bebês confiantes e bebês que se sentem vulneráveis.

Para o psicanalista, a simplicidade desse fato pode ser um pouco irritante. Isso é uma decepção para as partes complexas de nós mesmos que são freudianas, kleinianas e lacanianas, pois nos nega a oportunidade de exercitarmos nossas mentes ou mostrarmos nossos talentos. Acho que é em parte por isso que o trabalho de Winnicott pode ser objeto de desprezo entre certos analistas, sobretudo entre aqueles que rejeitam a ideia de que o ambiente externo tem um significado fundamental.

Porém, especialmente durante o primeiro ano de vida, isso é algo crucial. Um menino de 6 anos pode estar vivendo em uma família pobre, mas, se ele tiver um bom primeiro ano, então ele terá um senso de si mesmo e será capaz de se defender contra decepções consideráveis em seu ambiente. Em seu estado de dependência absoluta, a criança inevitavelmente desenvolve uma sensação do que é previsível à medida que a mãe estabelece um padrão de cuidado.

A ênfase de Winnicott na ideia de construção de um *self* difere da visão de Klein. Para ela, a saúde psíquica é uma questão de bons objetos internos predominando sobre os persecutórios, com base no sucesso da cisão, da idealização e de prováveis reparações. Ela acredita que o mundo interno deriva fundamentalmente do equilíbrio no bebê entre as pulsões de vida e morte. Embora ela reconheça uma função para a mãe nessa situação, seu foco está no trabalho psíquico interno do bebê. Para Klein, bem como para Freud, o objeto é fundamentalmente criado a partir dos impulsos instintivos da criança. Winnicott, por sua vez, enfatiza o valor da experiência vivida na relação bebê--mãe. Embora o objeto tenha *status* de instinto, ele faz parte da relação com a mãe.

Winnicott refere-se à "apresentação de objetos"; não há ideia comparável na psicanálise freudiana ou na kleiniana. Para Winnicott, é relevante para a vida interior do bebê observar como e quando a mãe lhe apresenta objetos (primeiramente o seio, o berço ou a colher; depois podem ser um giz de cera, livros ou brinquedos). Sua função como apresentadora de objetos faz parte de sua tarefa de sustentar o valor das experiências transicionais para a criança e de facilitar o possível uso de objetos culturais.

Na verdade, os psicólogos infantis sempre prestaram atenção a essa questão, embora de uma perspectiva bastante diferente. Grande parte da psicologia infantil vista na academia é baseada na evolução do desenvolvimento cognitivo da criança, e isso inclui o uso de objetos. Winnicott, que durante sua carreira observou cerca de 30 mil duplas de mães e filhos, considerou muito importante a maneira como a mãe apresentava objetos à criança. Algumas mães apresentavam objetos de forma a cultivar o verdadeiro *self* da criança, mas havia outras que se mostravam desinteressadas ou que exigiam que a criança aceitasse a escolha dela de objeto.

Naturalmente, essa visão sugere algo sobre a técnica psicanalítica, não em termos literais, mas como uma questão de ênfase. Winnicott defende que o sucesso de uma sessão analítica depende muito da habilidade do analista de preservar o espaço potencial: apresentar interpretações como objetos para o paciente no momento certo e da maneira correta.

Nos escritos de Winnicott, encontramos poucas referências à inveja destrutiva do paciente ou à transferência negativa que inibe o analista. De fato, dada a maneira extraordinariamente criativa dele de considerar e reconsiderar um paciente, seria muito difícil imaginar a mente de Winnicott sendo inibida por alguém de qualquer maneira. Ele certamente nos deixa com a sensação de que, se alguns pacientes nos parecem difíceis, é porque falhamos em compreendê-los.

Os requisitos de um bebê no estado dependente são muito simples. Há necessidades fisiológicas: ele pode precisar ser movido para um ambiente mais quente ou mais frio, pode precisar de roupas mais macias ou pode precisar de colo se estiver estressado. Em um nível mais sutil, o bebê pode precisar sentir a cadência respiratória da mãe ou ouvir os batimentos cardíacos dela. Ele é, portanto, dependente da capacidade da mãe de perceber as necessidades dele e de ter desenvolvido dentro dela uma riqueza acerca do conhecimento materno construído a partir da própria infância e de suas experiências de vida posteriores. O bebê precisa que ela esteja de bom humor, ou em um bom estado de espírito, para se adaptar a ele, para ter uma forma suficientemente boa de tocá-lo.

Há muitos anos, tentei imaginar como seria essa experiência de dependência para a criança. É uma situação curiosa porque, como sabemos, o bebê é bastante talentoso cognitivamente, mas não deixa de ser indefeso. Propus que denominássemos a mãe de "objeto transformacional" porque ela transforma o estado de ser da criança, tanto psíquica quanto somaticamente. Cada um de nós foi destinatário de milhares de transformações primárias durante o estado de dependência absoluta, e acho que temos uma memória disso que se reflete em nossa busca por tal objeto na vida adulta. A mãe como objeto transformacional existe na realidade externa, mas ela é conhecida a princípio pelo bebê não como um objeto, mas como um processo de alteração em seu ser. Então, em outras palavras, um objeto externo é experimentado como processo interno. Acredito que essa ênfase segue a tradição de Winnicott de pensar na evolução mental, psíquica e do *self* como um processo que, em alguns aspectos, envolve duas pessoas.

Creio que o termo "intersubjetividade" não se encaixe completamente nessa situação. No mundo da criança e no da mãe, talvez devêssemos fazer mais uso da linguagem de Bion, em termos dos elementos da vida mental sendo comunicados de um lado para o outro. Nesse ponto, ainda não podemos falar significativamente sobre personalidades ou objetos inteiros. A capacidade da mãe de atender às necessidades do bebê durante a dependência é crucial. Podemos supor que essa seja uma realização bastante comum, mas Winnicott nos lembra que, quando uma mãe falha, a criança experimenta certas ansiedades profundas.

Ele lista quatro dessas ansiedades:

1) **Despedaçar-se.**
2) **Cair para sempre.**

3) Não ter relação com o corpo.
4) Não ter orientação.
(MP58)

Com uma maternidade suficientemente boa, esses traumas momentâneos podem ser transformados em experiências positivas. Despedaçar-se pode se transformar em relaxamento e tranquilidade. Cair para sempre pode ser transformado nas emoções de ser carregado e nas aventuras de ser movido.

A sensação de estar morrendo, morrendo e morrendo pode se transformar em um prazer alegre de estar vivo. Perder toda a esperança de reencontrar contato pode se transformar em uma sensação de segurança de que, mesmo quando está sozinho, o bebê tem alguém que se importa com ele.

É importante entender que essas são as experiências de um bebê com o objeto. Muito do que ele sente e pensa sobre si mesmo será uma metáfora do modo como a mãe o trata. Se ele for deixado para se desintegrar, ele pode experimentar isso como sendo o que ele merece. Como se ele estivesse destinado a desmoronar. A perspectiva de Winnicott sugere que o senso de desintegração de um paciente adulto pode ser uma memória da experiência repetida de se despedaçar quando criança.

A visão kleiniana dessa situação considera apenas o fenômeno interno: a criança ataca o seio devido a um aumento na quantidade de ódio; o objeto é dividido; ele atinge um estado malévolo e ataca a criança por dentro. Winnicott não discordaria disso. Uma mãe que falha com seu bebê durante o seu período de dependência absoluta estimularia esse tipo de trabalho destrutivo interno, mas tal desintegração nunca pode, na opinião dele, ser separada da maneira como a mãe lida com a situação. Uma mãe suficientemente boa recuperará o bebê fraturado. A ênfase repetida de Winnicott no papel da mãe na experiência do bebê tem seu correlato em sua visão da técnica analítica. O analista tem como objetivo envolver o paciente na análise com as doses certas de *holding*, apresentação de objetos e brincar.

Sugeri anteriormente que a criança herda a técnica de criação da mãe, que se torna sua própria maneira de lidar consigo mesma internamente, como um objeto. Em outras palavras, em graus variados, a criança estrutura o processo materno em um procedimento de ego. Tais internalizações envolvem o sujeito em um tipo de relação consigo mesmo como um objeto. Isso não precisa ser um ato conscientemente objetificador – o adulto pode não estar falando consigo mesmo. A internalização da mãe suficientemente boa pode se manifestar nos pressupostos inconscientes de ser e se relacionar que constituem o idioma próprio dessa pessoa na vida ou no viver.

E o pai? Uma criança não é também o objeto do pai? Ele também não afeta o bebê? Claro que sim. A extensão pela qual o pai é processado pelo bebê também é internalizada para alcançar uma possível estruturação como um procedimento de ego e dependerá de quanto tempo o pai dedica aos cuidados infantis.

No início, na vida do recém-nascido e da criança pequena, o verdadeiro *self* se desenvolve gradualmente a partir do simples "ser" para um mundo interno representacional apoiado pelo processo materno. Esse período inicial da história do sujeito ocorre predominantemente antes daquele mundo dinâmico interno no qual os instintos, as necessidades e os desejos apoiam ou assumem a autoria primária da vida interior da criança.

O ego evolui para além de sua internalização dos processos da mãe. Um herda o outro. Onde a mãe estiver, lá estará o ego.

Devemos adicionar outro sistema de demanda a esse esquema: a demanda que o mundo dos objetos faz sobre a mente para o trabalho. Abrindo um parênteses, para mim esse é o aspecto mais importante da revisão de Winnicott da teoria kleiniana das relações de objeto. Para Klein, as demandas de trabalho feitas à mente vêm apenas de dentro da criança. Em nenhum lugar dos escritos dela encontramos referências a qualquer demanda de trabalho feita à mente criada pelo outro. Quando ela discute uma mãe que pode não ser suficientemente boa, ela o faz apenas a partir do ponto de um aumento resultante nas forças do ódio dentro do bebê. Ela não menciona o caráter, a personalidade ou o idioma próprio do outro, pois isso demandaria que a criança pensasse no que está acontecendo.

No entanto, as ações e o caráter da mãe e do pai demandam um trabalho mental da criança. Quando a mãe retira o seio no meio de uma amamentação para ir desligar o fogão, esse ato se torna uma demanda na mente do bebê. Ele deve trabalhar para processá-lo.

Desse modo, a psique é uma área intermediária entre as demandas mudas do soma e as ações complexas dos outros. O mundo dos objetos internos é um campo de relações entre dois sistemas diferentes de demanda, um biológico e outro social. Em algum lugar no meio, no entanto, está o verdadeiro *self*, um idioma potencial, que existe antes do nascimento e que influencia e determina parcialmente a organização psíquica.

11

Relacionamento com objetos

Ontem fiz considerações sobre o fato da dependência. Isso não insulta o bebê, mas serve a ele, inicialmente, em sua crença inquestionável na magia da mãe. Na verdade, de modo paradoxal, não é que o bebê acredite na mãe; ele acredita nos resultados da sua própria necessidade absoluta. O primeiro resultado disso é o seio da mãe. A criança, nessa fase, não sabe que o seio chega no momento que a mãe sente que é necessário.

Essa necessidade não é uma expressão pensada, mas uma demanda instintiva. Essa demanda traz o objeto (o seio), que é então destruído (esvaziado). Quando a necessidade e a demanda de dentro do corpo trazem o objeto para a boca do bebê para a destruição, ele transforma um objeto externo em um interno.

Há várias transformações envolvidas nisso:

1 Uma demanda interna é transformada em um movimento corporal ou em choro. (Esta é a teoria freudiana da representação psíquica.)
2 A representação psíquica da criança é transformada na corporeidade do objeto.
3 A corporeidade do objeto (o seio) é transformada de volta em um estado interno.

Assim, uma demanda interna e somática (um impulso instintivo) leva o bebê a representar a demanda, que aparentemente cria um objeto corpóreo, o seio, que entra no corpo como uma substância e um sentimento. Esse objeto interno não é simplesmente mental, ele tem uma base somática. Essa substancialidade é uma forma de descrever o processo de incorporação e um meio de diferenciá-lo da introjeção. O novo estado interior é uma mistura da substância do objeto (o leite) e do estado que ele traz (gratificação).

Depois de ganhar significado com essas transformações, o objeto então tem potencial psíquico. Pela incorporação, o sujeito sente o traço de uma relação substancial com o outro, por meio do seio-objeto. A incorporação envolve as sensações muito mais do que a introjeção.

Vamos relacionar essa ideia com uma situação clínica. Quando o paciente está internalizando o som da voz do analista, o cheiro do analista e os elementos visuais da sala, quando ele sente a sensação física de tocar o divã e de ser aconchegado por ele, essa é uma forma incorporativa de internalização. Ela é baseada na sensação.

Todos os pacientes formam internalizações incorporativas do psicanalista. A incorporação pode ser mais primitiva do que a introjeção, mas não é verdade que ela só funciona em adultos em nível psicótico. Os elementos das sensações de incorporação estão presentes na vida de todos nós. Por exemplo, quando observamos pinturas ou quando escutamos música, esses atos têm elementos incorporativos, pois envolvem uma relação com o objeto por meio de sensações.

No entanto, quando o psicanalista faz uma interpretação que corrobora o pensamento consciente do paciente sobre o conteúdo, isso é uma questão de introjeção. O paciente, nesse caso, está absorvendo elementos da vida mental que não têm uma conexão focada primariamente nas sensações, como a percepção da personalidade. Pode ser importante saber a diferença entre esses dois modos de internalização.

No trabalho clínico, encontramos pacientes que podem estar nos incorporando, mas não estão nos introjetando.

A substancialidade é uma característica da incorporação, mas, mesmo em um estágio muito inicial de desenvolvimento, o bebê já começa a sentir a mãe como uma presença gratificante. Winnicott escreveu que:

> Podemos observar o interessante processo de absorção dos elementos do cuidado infantil pela criança, aqueles que poderiam ser chamados de elementos de apoio do ego. A relação entre essa absorção do ambiente e os processos introjetivos com os quais já estamos familiarizados desperta grande interesse. (MP126–7)*

Isso é importante porque Winnicott está sugerindo que o bebê absorve a técnica de cuidado da mãe. Isso é um ato de introjeção. Uma criança que não progride para além do modo incorporativo de internalização não será capaz de introjetar o sistema de cuidados maternos, e isso pode levar a uma grave deficiência na capacidade do ego.

Mas o que a criança absorve? Obviamente não é apenas o leite ou a experiência do seio e a relação com o mamilo, é também o idioma materno. Experiências como o senso de tempo da mãe, o senso da corporalidade dela (macia ou dura), o senso da gratificação dela (se ela se apressa para terminar a amamentação ou se demora com o bebê) e seu senso de agressão são internalizados pelo bebê.

Como entendemos o encontro de dois verdadeiros *self*: o do bebê e o da mãe? À medida que a mãe se adapta ao verdadeiro *self* do bebê, facilitando a articulação do idioma próprio dele, ela também o capacita a existir no dela. Acredito que essa absorção dos processos maternos de cuidado é inserida em um sistema interno de cuidado que passa a fazer parte do ego da criança.

---

* Ver "Classification: is there a psycho-analytic contribution to psychiatric classification?", em MP, pp. 124–139. [N. de R. T. Publicado em português sob o título "Classificação: existe uma contribuição psicanalítica à classificação psiquiátrica?", no livro *O ambiente e os processos de maturação*.

Pergunto-me se precisamos alterar um pouco nosso conceito psicanalítico de relação de objeto. Quando psicanalistas discutem a teoria das relações de objeto, geralmente eles estão falando sobre a internalização de seus objetos pelo sujeito. Em outras palavras, eles consideram a experiência de uma pessoa. Quando queremos nos concentrar na dialética entre mãe e bebê, talvez precisemos utilizar o termo *teoria das relações entre sujeitos** para destacar a interação entre duas subjetividades.

Chamei esse efeito mútuo de "relação de objeto informativa".** O objeto torna-se parte do sujeito conforme a vontade do sujeito de ser informado por ele. A palavra "informar" geralmente significa comunicar uma ideia a outro, mas, se você quebrar a palavra, ela implica o ato de formar dentro do outro. Você "in-forma", ou seja, cria a forma dentro. Assim, com a frase "relação de objeto informativa", estou brincando com a ideia de que a comunicação envolve a "in-formação" do sujeito pelo objeto.

Se pensarmos nas respectivas abordagens de Fairbairn e Klein, vemos uma diferença importante entre visões. Klein argumenta que a criança se esforça para absorver o bom seio, a fim de preservar o bem. Fairbairn argumenta o oposto: que o bebê introjeta o seio ruim para controlar seus elementos persecutórios. Nenhum dos teóricos sugere que a questão de saber se o bebê aderir ao peito bom ou ruim pode ter muito a ver com a qualidade do objeto apresentado a ele.

Se o seio é bom, isso reflete a maternidade da mãe, então podemos dizer que o bebê absorve a mãe suficientemente boa. Existirá nessa pessoa um objeto bom primário. Se um bebê não teve uma maternidade suficientemente boa, ele pode ficar com um objeto interno ruim primário que ele precisará tentar controlar.

---

* Uma ideia que propus em *Forces of destiny*. [N. de R. T. Publicado em português sob o título *Forças do destino: psicanálise e idioma humano*.]

** Em 2016, isso é definido como "interformalidade". Ver Christopher Bollas, *The Christopher Bollas reader*, ed. Arne Jemstedt, London, Routledge, 2011.

Na verdade, é claro que as coisas não podem ser divididas dessa maneira simples. Existem mães suficientemente boas, mães que não são suficientemente boas e muitas versões de uma mistura entre as duas. Os bebês são informados por objetos complexos. Um objeto de informação não desloca o verdadeiro *self*. Ele é mais como um ambiente interno no qual o bebê geralmente experimenta uma mistura de recepção e recusa. Tenho certeza de que os bebês lidam de maneira diferente com cada objeto in-formativo, e seria muito simplista dizer que uma mãe que fornece ao bebê um ambiente desfavorável inevitavelmente produz uma criança perturbada.

E a in-formação da mãe pelo bebê? Por um número de razões possíveis, alguns bebês parecem incapazes de serem acalmados. Pode ser que uma dificuldade tenha se originado no útero ou na transição da vida fetal para o nascimento. Além disso, há ainda o fator herdado na constituição do idioma do bebê. Winnicott chama isso de "potencial herdado". Acho que essa é uma denominação muito sábia. Pode levar uma vida inteira para avaliar quanto desse verdadeiro *self* entrou no ser humano e quanto dele foi evitado, fazendo com que a pessoa viva a partir de um falso *self*.

Winnicott afirma que sua experiência de trabalhar com mães e seus bebês lhe permitiu ver padrões de relacionamento com objetos estabelecidos na infância. Ele chegou à conclusão de que as mães cuidam da criança por intuição e que é um ato de violência quando enfermeiros ou cuidadores frustrados enfiam uma mamadeira na boca do bebê, o que pode estimular um reflexo de vômito. Ele argumenta que os bebês precisam de tempo antes de poderem começar a procurar objetos, e, quando encontram um, pode ser proveitoso deixá-los ficar algum tempo com ele, envolvendo-o em uma forma de brincadeira.

Como analista, pode ser difícil encontrar uma parte de si mesmo que possa observar o que acontece na área intermediária da experiência. É claro que isso também envolve empatia: imaginar tanto quem somos para o paciente quanto o objeto que somos dentro dele. Mas também envolve observar a interação entre analista e paciente, observando a ambientação e o ambiente criado entre os dois.

Uma das tarefas de uma análise é possibilitar a movimentação das simples relações de objeto internas para o relacionamento com objetos. Parte de nossa difícil tarefa é encontrar um lugar em nós mesmos a partir do qual possamos nos observar com nosso paciente no brincar. Quando vemos duas crianças brincando, estamos observando o relacionamento com objetos; descobrimos duas pessoas criando uma área na qual as duas podem estar. Elas estão criando sua cultura. E o mesmo vale para uma psicanálise. Podemos ficar tão preocupados com os pensamentos intensos e ferozes sobre objetos internos que não deixamos espaço em nós mesmos para a observação do relacionamento com objetos.

Recentemente me encontrei com uma ex-paciente. Sentamos um em frente ao outro. Após mais ou menos 20 segundos, ela franziu a testa e começou a falar de "problemas sérios" sobre os quais ela queria falar comigo.

Após cerca de 45 minutos, tendo apresentado cinco ou seis problemas sérios, ela ficou em silêncio. Reconheci-o como o mesmo silêncio que havia sido uma característica da análise dela. Eu não a via há alguns anos e agora me via querendo tentar descobrir o que criou esse silêncio. Era algo que eu sabia, mas que não tinha conseguido pensar com ela até agora.

Percebi que criamos uma atmosfera na análise em que nós dois estávamos nos esforçando demais. Ela lutava para trazer material do inconsciente; eu me esforçava muito para analisá-la. A própria seriedade de nosso esforço destruiu a área intermediária em que o brincar e a fantasia poderiam assumir vida própria. Eu disse: "Acho que sei qual é o nosso problema. Você e eu temos sido muito sérios juntos".

Podemos dizer que houve identificações projetivas da parte dela. Tenho certeza disso, mas senti que também era importante que eu assumisse a minha responsabilidade nisso. Foi um momento muito importante para nós dois, e o rosto dela registrou seus sentimentos de uma forma que eu nunca tinha visto durante a análise, pois ela sempre estava no sofá, fora da minha vista.

Essa experiência vem à minha mente porque ilustra a diferença entre a análise das relações com objetos internos e o relacionamento com objetos. Se um paciente é capaz de se relacionar com objetos e o analista falha nesse nível – como eu falhei com essa paciente –, acredito que uma análise não pode evoluir totalmente.

A relação com objetos é multifacetada. Às vezes, mãe e bebê simplesmente olham um para o outro. A mãe pode balançar o bebê. O bebê pode sorrir para a mãe. A mãe pode empurrar o bebê por diversão. O bebê pode expressar surpresa, e a mãe pode tranquilizar o bebê. Todos os elementos do relacionamento humano avançado aparecem nesses exemplos de alguma forma. É uma relação "in-formativa" na qual a mãe contribui de maneira substancial para a sua forma dentro do bebê. Ela não cria o bebê, mas o processa, e ele, por sua vez, leva esse processamento para si mesmo.

Tanto Freud quanto Klein tendem a assumir um objeto externo neutro. Klein nos dá maneiras valiosas de pensar sobre as possíveis formações de nossas interações com objetos internos, mas, no conceito de Winnicott de relações objetais, a natureza específica do outro tem efeito profundo na criança. Ele enfatiza a interação de duas personalidades diferentes uma sobre a outra.

Isso não pode ser simplesmente descartado alegando que o objeto é meramente um produto da percepção da criança e que ele, portanto, existe apenas intrapsiquicamente. Claro que enxergamos com nossos próprios olhos, e não os de mais ninguém. No entanto, se formos atingidos na cabeça por uma maçã, por exemplo, esse fato tem sua própria integridade, sua força e sua validade, que não podem ser extintas simplesmente dizendo: "Foi assim que percebi o que aconteceu". O que fazemos de nossa experiência é naturalmente uma característica vital da realidade intrapsíquica, mas essa criação de significado interna não existe sem as experiências vividas.

Podemos, inclusive, recorrer à teoria da identificação projetiva de Klein para fazer esse mesmo ponto. Os kleinianos colocam grande ênfase em como o analisando projeta partes valorizadas ou destrutivas do *self* no analista. Essas projeções podem ter efeito profundo no analista, moldando-o internamente de forma a influenciar a vida interna dele. Além disso, sabemos por essa teoria que as identificações projetivas de um paciente são muitas vezes tão poderosas e eficazes que o analista também as expressa, frequentemente pela interpretação.

Essa teoria da identificação projetiva é a teoria mais radical, ou alguns diriam até extrema, do efeito de uma pessoa real sobre outra. Ela não se restringe aos efeitos endopsíquicos, à interação dos objetos internos. Ela aborda como o discurso, o comportamento e as ações interpessoais reais de uma pessoa entram no mundo interno de outra, afetando diretamente a vida mental do outro.

Os kleinianos, para minha contínua surpresa, aplicam essa teoria radical apenas ao efeito do paciente no analista. Eles falam da contraidentificação projetiva – ações do analista com base na força da identificação projetiva original do paciente –, mas não consideram que o analista age inconscientemente sobre o paciente por meio de sua própria identificação projetiva.

E eles não reconhecem o papel e a função da identificação projetiva na relação da mãe com o bebê. Isso é ainda mais surpreendente porque provavelmente não há relação em que a identificação projetiva seja mais ativa do que nos manejos da mãe em relação ao bebê. Enquanto ela cuida dele, ela coloca muitas partes de si mesma nele. Ela projeta e se identifica para imaginar o bebê, para falar com ele, para respondê-lo, para surpreendê-lo, para acalmá-lo e para apreciá-lo. Com quem ela está falando? Ela não estaria falando com a parte infantil de si mesma, que esperançosamente está sintonizada com o estado de *self* da criança?

Na minha opinião, podemos dizer que uma das razões pelas quais um paciente *borderline* se sente tão fraturado e angustiado é que ele teve que carregar fragmentos quebrados da personalidade da mãe. Podemos pensar nos transtornos depressivos como tendo vieses baseados na identificação projetiva da mãe de partes destrutivas dela mesma, atacando o bebê como um objeto, causando uma perda de autoestima dele e precipitando uma prolongada batalha interna no bebê. Da mesma forma, um elemento esquizoide poderia prevalecer devido à sedutora invasividade exagerada da mãe ao erotizar o bebê, que se defende desse erotismo desinvestindo o mundo dos objetos e se escondendo.

O verdadeiro *self* não é formado pela mãe, mas ela pode evitá-lo ou facilitá-lo. Esbocei alguns dos possíveis efeitos do objeto para nos dar uma forma de pensar sobre as ações do outro sobre a psique. A psique, o mundo interno, é uma área intermediária entre o somático e o real, entre o biológico e o sociológico. É aqui que esses dois processos separados, mas dialeticamente ligados, juntam-se. Freud nos ensinou que o instinto cria seu objeto interno na psique, mas o que temos visto é que o objeto também é informativo em e de si mesmo.

A criança media e, nessa mediação, cria sua própria vida interior. Isso pode envolver uma solução neurótica, *borderline*, esquizoide ou psicótica para o equilíbrio e a figuração internos do encontro dos objetos do soma e do real.

12

O uso de um objeto

Talvez nenhum dos conceitos de Winnicott tenha despertado tanta atenção, seja por suspeita ou por fascínio, quanto sua ideia acerca do uso dos objetos. No entanto, essa é uma parte importante da teoria dele sobre as relações com objetos.

Para começar a entender a extraordinária sofisticação por trás do pensamento de Winnicott sobre essa ideia, precisamos iniciar pela diferenciação entre duas mães. Ele escreve, em 1963, que:*

> Parece possível usar os termos "mãe-objeto" e "mãe-ambiente" nesse contexto para descrever a vasta diferença que há para a criança entre dois aspectos dos cuidados com ela, a mãe [...] que previne os imprevistos e a que ativamente fornece seus cuidados ao lidar com o bebê e ao administrar as coisas em geral. (MP75)

■

* Ver "The development of the capacity for concern" (1963), em MP, pp. 73–82. [N. de R. T. Publicado em português sob o título "O desenvolvimento da capacidade de se preocupar", no livro *O ambiente e os processos de maturação*.]

Essas duas mães recebem atitudes diferentes da criança. A mãe-ambiente "recebe tudo o que pode ser chamado de afeto e coexistência sensual" (MP75-6), já a mãe-objeto "torna-se o alvo da experiência excitada apoiada por um instinto-tensão bruto" (MP76). É uma das funções da mãe-ambiente conter o bebê, sobretudo durante seus ataques à mãe-objeto.

Diferentemente de Klein, Winnicott não assume que essas duas mães são separadas porque o bebê divide o objeto. Nesse estágio inicial, Winnicott acredita que ainda não há distinção clara para o bebê entre o que se pretende e o que realmente acontece. A divisão associada ao objeto bom e ao ruim vem depois e é uma divisão de ordem diferente. Winnicott aceita o conceito de Klein da necessidade de manter os dois separados, mas, para ele, a mãe-ambiente e a mãe-objeto se dividem não segundo o bem e o mal, mas conforme dois sistemas separados de necessidades: em primeiro lugar, a necessidade de silêncio e contenção; em segundo lugar, a necessidade de um objeto para atacar. O conceito de mãe-objeto é mais bem ilustrado, de acordo com Winnicott, pelo ataque do bebê ao seio durante a alimentação. O ato de se alimentar é um ataque canibal – uma forma de crueldade – a qual a mãe sobrevive.

É importante ter em mente que, antes que a criança tenha qualquer noção da sobrevivência do objeto de seus ataques, este está sobrevivendo. Isso é crucial para entender a complexa evolução na progressão emocional do indivíduo baseada na dialética da experiência interior e do relacionamento com objetos. São as muitas experiências do ataque implacável ao seio, incontestado pela mãe, que gradualmente capacitam o bebê a fazer uma descoberta importante: o objeto sobrevive!

A divisão entre a mãe-ambiente e a mãe-objeto não é determinada pelo bebê; é uma divisão mantida pela própria mãe. Inclusive, é o ato de facilitação dela que permite que a criança faça uso da divisão com sucesso. Essa ideia representa uma ênfase diferente da de Klein. Ela sustenta que uma divisão é criada pelo bebê para evitar que os objetos bons e os ruins se juntem. O bebê utiliza a força do amor para criar um objeto bom, o seio bom, idealizado para protegê-lo contra o ataque persecutório do seio ruim. A eventual chegada da posição depressiva é então uma espécie de catástrofe interna necessária: o objeto ideal deve se misturar com o ruim para se tornar internamente real.

Essa é a posição kleiniana. Winnicott não discorda totalmente dessa conceituação, mas acrescenta que a mãe sustenta a divisão e, podemos acrescentar, gosta dela.

A maneira de pensar de Winnicott coloca menos ênfase na libido, ou força psíquica, despendida pelo bebê na criação do ideal. Ao sustentar ativamente esse estado ideal ela mesma, a mãe o libera para utilizar sua energia para outros fins. A mãe boa e sustentadora não é, portanto, a criação do bebê, não é uma identificação projetiva, mas sim uma criação mútua. É uma experiência real de vida, sustentada para cada um pelo outro.

A mãe-ambiente também gosta do ataque do bebê e, a esse respeito, tem prazer na agressividade dele. Esse prazer faz parte do que chamamos de relação objeto informativa. Quando a mãe comunica ao bebê seu prazer nos ataques dele, ela apoia implicitamente o direito dele a essa forma de expressão. A ideia francesa de *jouissance* (gozo) – o direito universal ao êxtase – surge dessa experiência. Inclusive, podemos ver o contexto em que *juissance* surge por meio da teoria de Winnicott. Esse direito inalienável é sustentado pela mãe-ambiente que diz "este seio cheio é para nós dois desfrutarmos".

Como o seio precisa ser esvaziado, há uma necessidade biológica que subscreve o espírito de *juissance*. O seio é esvaziado pelo ataque do bebê, e isso dá prazer tanto a um sujeito quanto ao outro. Essa sequência (necessidade–ataque–prazer) é uma junção complexa de necessidade biológica, de requisitos do ego e do uso do objeto.

Não há mãe na teoria da fusão de instintos de Freud. No entanto, não podemos entender completamente essa teoria a menos que apreciemos a função e o papel da mãe, pois é ela quem facilita a fusão dos instintos. No pensamento de Klein, há uma mãe que não gosta do uso que o bebê faz de seu corpo. É raro na literatura kleiniana encontrar um analista que interprete a onipotência ou o menosprezo do paciente como forma de prazer. Em vez disso, isso é geralmente visto como algo que visa a destruir a mente do psicanalista.

A esse respeito, Paula Heimann pensava de maneira muito diferente sobre o relacionamento com objetos. Nunca esquecerei suas palavras quando ela estava supervisionando meu trabalho com uma paciente histérica e disse: "Espero que você deixe essa mulher destruí-lo. Ela precisa destruir você. E espero que vocês dois encontrem prazer nela o destruindo". *Jouissance* depende da capacidade da mãe de traduzir as emoções existenciais em um apetite pelo prazer e pela valorização dos objetos.

Podemos ver como esse aspecto inicial da experiência da criança se desenvolve na capacidade de relação sexual adulta, na qual cada um entende e sente prazer na destruição do objeto de excitação pelo outro. Isso se relaciona com a experiência do homem com o prazer da mulher quando ele penetra em sua vagina e com o uso do pênis do homem pela mulher, em que ela o controla e depois o destrói por meio do orgasmo do homem. Ele a excita com a impessoalidade dos próprios instintos dela. Ela se perde, entregue à lógica sensacional de seu soma enquanto conduz seu corpo. As zonas erógenas exigem toque e destruição, e o tempo todo ela está usando o pênis, que ela contém em sua vagina, apertando e relaxando seus músculos vaginais, movendo sua posição pélvica para usar o pênis de maneira diferente. Tudo isso faz parte do uso de um objeto que é dela nesse momento para usar e destruir. As duas pessoas têm prazer extático na destruição erótica que termina em *la petite mort*.

Aqui está outro exemplo do efeito do objeto sobre o sujeito. No modelo freudiano, o instinto é endopsíquico, emergindo de dentro do corpo para criar seu próprio objeto. Um homem ou uma mulher, existindo mais ou menos sozinho, experimenta impulsos genitais à medida que a pulsão instintiva é recebida com imagens de um objeto sexual desejado. Em algum momento a pessoa vai em busca do objeto de desejo.

No entanto, sabemos que essa não é a única maneira pela qual as representações instintivas acontecem. Uma pessoa pode estar sentada em silêncio, lendo um livro, sem instintos ativos no *self*, quando uma pessoa atraente entra inesperadamente na sala e um impulso instintivo é convocado por sua aparição repentina. Em outras palavras, assim como o *id* cria uma demanda sobre a mente para o trabalho, o mesmo acontece com o outro.

Claro que, em certo sentido, é por isso que o instinto é considerado destrutivo: não é mais possível ler o livro. Os instintos levam o corpo à excitação, quer gostemos ou não. Há crueldade na impessoalidade dos instintos quando eles são evocados pelo outro. Se estamos sozinhos e surge um impulso instintivo, podemos ser capazes de bani-lo por um tempo, a fim de satisfazer a necessidade de continuar trabalhando. Em geral, podemos adiar a gratificação. No entanto, se o objeto estiver sentado em uma cadeira do outro lado da sala, piscando para você, pode não ser possível ignorá-lo e restaurar a solidão.

Se a mãe-ambiente não apoiar o *gozo* do bebê, se ela recusar o ataque dele, então o bebê será incapaz de destruir o objeto. Ele então perde a oportunidade de comunicar a ela sua necessidade interior e seu estado de vivacidade. A inter-relação com uma pessoa externa real pode ser substituída pela relação de objetos internos, pois a mãe recusante estimula a criação de representações persecutórias de si mesma pela criança. Se a criança imagina ser despedaçada pela mãe interna, um círculo malicioso é sustentado pela incapacidade dela de expressar e desintoxicar o ódio por meio do uso real do objeto. O ódio agora é encenado na psique e imediatamente cria sua contraparte no objeto, que odeia com força equivalente.

O que está faltando nisso? Que é função da mãe-ambiente mediar o conflito. Quando isso não acontece, ocorre uma divisão destrutiva para o bebê entre a mãe-ambiente e a mãe-objeto. Ela pode inclusive dissociar um elemento de si mesma, isolando uma de suas características para colocá-la fora do alcance da criança. A criança pode ter acesso a esses objetos apenas em sua mente, e eles são de pouca utilidade. A intensidade dos objetos internos nessa situação atesta a quebra do relacionamento com o objeto.

Klein diz que os bebês se recuperam da posição esquizoparanoide por meio da crescente internalização de um bom objeto. Isso é visto como triunfo dos instintos da vida, e tenho certeza de que isso está correto em termos dos inevitáveis colapsos momentâneos na relação entre bebê e mãe. Quando a mãe falha com o bebê, a mãe-ambiente desaparece, e o bebê experimenta a posição esquizoparanoide, mas ele geralmente se recupera disso com o retorno da mãe suficientemente boa.

Todos os bebês às vezes sofrem um colapso temporário na posição esquizoparanoide assim como todos os adultos. Quando ocorre um colapso na relação de objeto cada um de nós experimenta um pouco de loucura e o trabalho de recuperação do momento persecutório. Isso não é algo sério, desde que entendamos que esse colapso é comum.

Klein enfatiza o reconhecimento do fato de que o objeto amado e o objeto odiado são o mesmo e que isso leva a criança a querer reparar o dano. Essa teoria coloca a culpa como uma força primária na vida de uma criança de 1 ano de idade.

Para mim, no entanto, o que motiva a união dos dois objetos, de amor e de ódio, não é a culpa. A força motriz na integração do objeto é o prazer. É prazeroso odiar o objeto. Isso não estimula a culpa persecutória, a menos que a mãe recuse o prazer do bebê. Se olharmos para uma criança de doze, quinze ou vinte e quatro meses, o fator determinante do prazer na relação é algo que conseguimos ver muito claramente.

13

A vitalidade da agressão

Ontem, discuti a prioridade que Winnicott coloca no objeto externo, relacionando-o como formativo de relações internas de objetos. Claro que esse não é um processo unidirecional. As relações internas com objetos também informam as relações externas com objetos, mas, na infância, a natureza das relações com objetos externos é mais crucial para o mundo interno do que ela será mais tarde. A partir do período edípico, o intrapsíquico alcança uma espécie de paridade de força com o intersubjetivo, e o outro se torna menos influente, menos intensamente informativo.

A meu ver, a psicanálise tem se equivocado ao separar agressividade de prazer. Segundo Winnicott, podemos rastrear a agressividade até os primórdios do movimento fetal, pois os primórdios da motilidade são formas de agressão. A agressividade é, inclusive, um "erotismo muscular" (MP74) – o que estabelece um modelo que liga o prazer do movimento a ela.

Winnicott acredita que há um fator hereditário, mas também que os bebês são afetados pela maneira como nascem. Ele sustenta que, se uma criança é agressiva e outra parece não ser, na verdade, "as duas têm o mesmo problema". O que acontece é que ambas as crianças estão apenas lidando com o medo dos impulsos agressivos de maneiras diferentes. Para Winnicott:

> Se observarmos e tentarmos ver o início da agressividade em um indivíduo, o que encontramos é o fato do movimento infantil. Ele começa até antes do nascimento, não apenas no feto se revirando, mas também nos movimentos mais repentinos dos membros que fazem a mãe dizer que está sentindo um chute. Uma parte da criança se move e, ao se mover, encontra algo. (DD93)

É por meio do movimento que o *self* encontra o objeto. O feto depara-se com algo e descobre uma resistência a ele, um fator necessário e inevitável no relacionamento com objetos. A agressão que não encontra resistência não é mais prazerosa, pois não há um encontro. O bebê precisa da resistência da mãe, que converte a motilidade em mutualidade prazerosa.

Faço uma distinção entre a celebração do analisando e a ideia de resistência, embora ache que há compatibilidade entre as duas ideias. É possível celebrar a articulação da agressividade do paciente e, ao mesmo tempo, resistir às implicações da formação do objeto interno específico. Em outras palavras, se a representação interna do analista pelo paciente é, digamos, que ele é impotente ou idiota, o analista não precisa celebrar isso concordando com ele e dizendo: "Sim, é claro que você está certo, eu sou um idiota". Em vez disso, o analista pode dizer, com certo afeto: "Ah, então você acha que eu sou um idiota! Então, talvez você queira me repreender!". Esse comentário expressa uma resistência por parte do analista, mas, ao mesmo tempo, é uma celebração do direito do paciente à agressão.

Devemos nos lembrar da experiência psíquica da mãe com o movimento fetal e da variedade de respostas possíveis à questão da motilidade infantil. Ela gosta quando o feto chuta? Ela se sente orgulhosa e satisfeita, mesmo que possa doer? O pai sorri quando sente que esse movimento é um sinal de vida? Ou a mãe grita de dor ou xinga o feto e reclama com o pai, que então vê o bebê como alguém atacando a mãe e a prejudicando? Ele sente que deve proteger e consolar sua esposa?

Observe como essas duas reações são diferentes. Na primeira situação, os pais celebram o direito de movimento da criança, sua separação, para que, mais tarde, haja uma liberdade no uso de objetos pela criança, em vez do medo de que seus impulsos energéticos sejam prejudiciais ao outro. No segundo caso, eles a veem principalmente como um objeto agressivo dentro da mãe, prejudicando seu corpo e sua paz de espírito. Nesse caso, a agressão é interpretada como destrutividade e o objeto se retira, obrigando a criança a alterar a natureza de suas catexias objetais. Esse objeto é então internalizado, e isso pode ser a base para uma posição esquizoparanoide.

Segundo Winnicott, "Podemos ver que esses primeiros golpes infantis levam a uma descoberta do mundo que não é o *self* da criança e ao início de uma relação com objetos externos" (DD94). Em outras palavras, a criança descobre o objeto por meio do movimento, e isso a leva aos "primórdios da exploração" e faz parte da "distinção clara entre o que é o *self* e o que não é o *self*" (DD94).

Desejo enfatizar aqui que a criança está descobrindo o objeto por meio da ação, não da articulação da fantasia inconsciente. Há uma diferença entre a experiência adquirida por meio da relação direta com o mundo dos objetos reais e a experiência que é fundamentalmente intrapsíquica e interna. Winnicott tem a visão de que a agressão vivida por meio do relacionamento com objetos é valiosa. Ele diz que a criança cria e destrói magicamente o objeto à medida que se move da criação do objeto subjetivo para a descoberta do objeto objetivo.

Pode ser traumático para a criança ser confrontada de maneira muito prematura com os limites de seu pensamento mágico. É nesse ponto que o cuidado materno se mostra tão importante, pois a mãe ajuda a criança a lidar com o choque com o mundo além do controle onipotente da criança. Para Winnicott:

> **Se for permitido tempo para processos de maturação, então o bebê se torna capaz de ser destrutivo e de odiar, chutar e gritar em vez de aniquilar magica-**

mente esse mundo. Dessa forma, *a agressão real é vista como uma conquista*. (DD98)

Assim, para traduzir isso para a situação clínica: se interpretarmos a agressão na transferência como um ataque à projeção de uma parte da mãe, ou do pai, ou do *self* no analista, então estamos atacando o valor positivo da própria agressão. Além disso, estamos empurrando o paciente de volta para uma posição esquizoparanoide. É importante ter em mente que nessa situação é o analista quem está promovendo essa divisão. É crucial no trabalho clínico ser capaz de diferenciar a agressão primária da verdadeira destrutividade. Para Winnicott, a agressão contra o objeto na transferência é uma conquista.

Ao se permitir ser o objeto da agressão do bebê quando ele ainda está sob o domínio das convicções mágicas, a mãe permite que a criança lide com seus impulsos agressivos de maneira expressiva. Eles são representados tal como são; a criança não tem a convicção de que sua agressão é errada ou ruim. Essa é uma transição importante facilitada pela mãe, pois ela ajuda o bebê a começar a utilizar os objetos.

Aqui vemos a função positiva da externalização. Por muito tempo tivemos uma ideia negativa do processo de externalização porque nos concentramos muito na projeção e na identificação projetiva. Em Winnicott, vemos o valor desse processo de mover estados internos para o relacionamento com objetos. Devemos aceitar as projeções de um paciente para facilitar o movimento de seu mundo interno para a experiência analítica. Se interpretarmos projeções na transferência toda vez que elas ocorrem, frustramos os esforços do paciente para passar de um mundo esquizoide para a relação com objetos e corremos o risco de transmitir para ele a ideia de que a única saída dessa posição é por meio da culpa e da reparação contínua ao objeto danificado por suas projeções.

Isso é estranho. Pense na mãe e no bebê, ou na mãe e na criança pequena. Como os bebês se tornam crianças, e estas se tornam adolescentes? Isso é possível porque a mãe implicitamente aceita as projeções da criança sem interpretação. Poderíamos dizer que a infância saudável é aquela em que a criança continuamente comporta-se "mal", uma externalização contínua essencial para a livre articulação do verdadeiro *self*. Winnicott escreveu que (1939, em *Agression* [Agressão]):

> Em comparação com a destruição mágica, ideias e comportamentos agressivos assumem um valor positivo, e o ódio se torna um sinal de civilização, quando temos em mente todo o processo de desenvolvimento emocional do indivíduo e, especialmente, os estágios iniciais. (DD98- 9)

Essa é uma declaração extraordinária. Essa foi a primeira vez, até onde eu saiba, que um analista disse que o ódio é um sinal de civilização. Isso é radicalmente diferente de Freud e Klein.

Winnicott sustenta que a capacidade de odiar significa confiança na mãe, no pai e na sociedade; confiança na sabedoria dos pais que sabem que, para que a criança amadureça favoravelmente, ela precisa destruir objetos para criá-los. "A agressão faz parte da expressão primitiva do amor", escreve ele na década de 1950. Ele se refere à agressão como "o primeiro impulso de amor" (TP205). Para começar, antes de a criança desenvolver uma capacidade de preocupação, ela está em um estágio de crueldade ou "pré-crueldade" (TP211). Na fase pré-crueldade, ela não pretende prejudicar o objeto. É simplesmente que "seu amor excitado inclui um ataque imaginativo ao corpo da mãe" (TP206), e isso faz parte da expressão do amor. Acho que a mãe reflete isso quando diz à criança: "Eu te amo tanto que poderia comer você todinho".

Winnicott distingue três padrões de agressão:

1 Um padrão saudável no qual "o ambiente é constantemente descoberto e redescoberto por causa da motilidade"* (TP211). Isso

■
---
* Ver "Agression in relation to emotional development" (1950–1955), em TPTP, pp. 204–218. [N. de R. T. Publicado em português sob o título "Agressividade em relação ao desenvolvimento emocional", no livro *Da pediatria à psicanálise*.]

afirma para o indivíduo que ele está emergindo do centro ou do núcleo do *self*.
2 Um padrão reativo no qual o indivíduo é invadido pelo ambiente. Isso configura uma série de respostas às intrusões, o que significa que ele deve se retirar para descansar: "A motilidade é então experimentada apenas como uma reação ao impacto sofrido" (TP212).
3 Um padrão extremo em que não há lugar de descanso para o indivíduo, mesmo no isolamento. Ele evolui então não do núcleo do *self*, mas de uma estrutura, na qual ele *"existe por não ser encontrado"* (TP212).

Winnicott nos lembra que as intrusões são necessárias, pois a criança precisa encontrar um objeto para confrontar. Poderíamos dizer que um paciente às vezes precisa de nossas interpretações incorretas. Ele precisa que estejamos errados, tanto para indicar, como disse Winnicott, os limites de nosso entendimento a qualquer momento, quanto para facilitar sua oposição a nós como um objeto que ele enfrenta.

Winnicott não argumenta que a agressão deriva da frustração. É claro que ele reconhece que pode haver raiva devido à frustração, mas a agressividade que ele está abordando *"precede* a integração do ego que torna possível a raiva da frustração instintiva e que torna a experiência erótica uma experiência" (TP216).

Em "The use of an object",[*] ele escreve que aprendeu a esperar e a não interpretar muito, a fim de "tornar possíveis [...] movimentos de transferência" (PR86). Aqui ele está descrevendo um uso específico do objeto analítico. Ele indica que existem estados psíquicos semelhantes ao desenvolvimento muscular, que o paciente fortalece por meio da expressão de estados mentais na transferência. Desse modo, um paciente que foi incapaz de expressar certos estados do *self* com a mãe

---

[*] N. de R. T. Publicado em português sob o título "O uso de um objeto e relacionamento através de identificações", no livro *O brincar e a realidade*.

ou com o pai está, na prática, exercendo a psique ao expressá-los ao analista.

O analista cria a oportunidade para várias formas de movimento de transferência. Se é o silêncio dele que permite tais movimentos, então o objeto que está sendo utilizado é tanto ele quanto não ele. Ele é tanto a mãe-ambiente, pois apoia o direito do paciente de usá-lo, quanto a mãe-objeto, porque ele está lá para ser atacado pelo paciente. Para que a interpretação seja eficaz, ela deve estar "relacionada à capacidade do paciente de *colocar o analista fora da área dos fenômenos subjetivos*. O que está aqui envolvido, então, é a capacidade do paciente de usar o analista" (PR87).

Em outras palavras, o analista não deve existir puramente como um objeto subjetivo; ele também deve ser um objeto objetivamente percebido. A objetividade sugere capacidade de sobrevivência. O paciente agora pode utilizar o analista no sentido preciso de que ele pode destruí-lo como objeto interno, talvez agindo contra o analista na sessão, sabendo que o analista sobrevive. Winnicott defende que a destruição do objeto interno é baseada no relacionamento com o objeto.

Muitas pessoas ficam confusas com a ideia de que o relacionamento com objetos deve ser substituído pelo uso destes. Quando Winnicott usa o termo *relacionamento com objetos* nesse artigo, ele não está falando de maneira geral sobre intimidade ou relações humanas. Ele está se referindo a um processo puramente subjetivo, envolvendo um objeto interno criado a partir de projeções e introjeções. O conceito de "uso do objeto", por sua vez, tem como foco "a natureza e o comportamento do objeto". Ele diz que "o objeto, se for para ser usado, deve necessariamente ser real no sentido de fazer parte da realidade compartilhada, e não de um conjunto de projeções" (PR88).

Ele nos lembra de seu conceito de objeto transicional, baseado em um paradoxo: o bebê cria o objeto que já está lá, esperando para ser criado. Ele escreve que "para usar um objeto, o sujeito deve ter desenvolvido a *capacidade* de usar objetos. Isso faz parte da mudança para o princípio da realidade" (PR89). Em outras palavras, se a criança utiliza o objeto real de forma transicional, ela já está fazendo uso do objeto como uma coisa em si. Inclusive, é a qualidade de coisa do objeto que permite que a criança o destrua, imagine-o destruído na fantasia e depois descubra sua sobrevivência.

Então Winnicott está dizendo que o bebê não precisa manter o objeto em mente. Ele pode destruí-lo agora porque sabe que o objeto real sobrevive à destruição do interno. À medida que ele descobre e redescobre essa sobrevivência, o objeto gradualmente se torna uma coisa por si só, fora do controle onipotente do sujeito.

Além disso, como a criança passa a apreciar o fato de que o objeto sobrevive à sua destruição, ela agora está livre para encontrar prazer em destruí-lo. "Assim, uma nova característica chega à teoria da relação com objetos", escreve Winnicott. Ele continua:

> O sujeito diz ao objeto: "Eu destruí você", e o objeto está lá para receber a comunicação. De agora em diante, o sujeito diz: "Oi, objeto! Eu destruí você. Eu te amo. Você tem valor para mim por sobreviver a minha destruição". (PR90)

Nesse ponto, ele começa a mudar o significado do uso do objeto. Ele agora está dizendo que não é simplesmente a destruição do objeto interno; é também a destruição do objeto externo. Vamos acompanhar essa ideia até a sua conclusão.

Ele descreve um novo tipo de experiência e um tipo diferente de amor. Não é o amor que chega pela destruição (eu te como), mas o amor do objeto por si só, por causa de sua capacidade de sobreviver. Ele continua: "Enquanto estou amando você, estou o tempo todo destruindo você em fantasias inconscientes". Para Winnicott, é aqui que a fantasia começa para o indivíduo. O sujeito agora pode usar o objeto que sobreviveu.

Nesse ponto, ele está empregando um conceito de uso diferente e menos específico. Quando ele diz que o sujeito agora pode usar o objeto, ele quer dizer quase de um ponto de vista prático, de um ponto de vista útil. Ele quer dizer que a destruição do objeto interno continua, mas o bebê começa a viver uma vida "no mundo dos objetos" e pode ganhar imensamente com isso.

Winnicott então nos leva ao seu ponto final, apresentando a teoria mais complexa e interessante do uso do objeto:

> O postulado central dessa tese é que, enquanto o sujeito não destrói o objeto subjetivo (material de projeção), a destruição aparece e se torna uma característica central desde que o objeto seja objetivamente percebido, tenha autonomia e pertença à realidade "compartilhada". (PR91)

Aqui Winnicott oferece um argumento diferente. Sua primeira teoria do uso do objeto é que, por meio da destruição contínua do objeto interno e de sua sobrevivência, este se torna parte do mundo externo, e a criança descobre que o objeto tem sua própria integridade, sua própria realidade, sua própria personalidade. Em sua segunda teoria do uso do objeto, há uma destruição na fantasia da integridade do objeto real. Isso envolve relações subjetivas com objetos.

Como o adolescente sabe que suas fantasias – suas construções internas da mãe e do pai – não são justas, ele abusará das pessoas mãe e pai externos. Ele precisa utilizar os objetos reais dessa maneira, para destruí-los, a fim de criar mães e pais em seu mundo interno. Na análise, após a primeira forma de uso do objeto, chegamos à segunda, em que o paciente sabe da integridade da realidade do analista, mas precisa destruí-lo para dar vida mental ao analista como um objeto subjetivo.

Vemos isso quando um paciente se sente livre para dizer "Você sempre diz isso – bem, vou dizer o que acho sobre o que você está dizendo", quando, na verdade, você não disse nada. O paciente sabe que você não diz essas coisas realmente. O que ele está fazendo naquele momento é imaginá-lo de uma certa maneira e anunciando a relação dele com você como objeto subjetivo dele. E ele está fazendo isso porque ele precisa fazer isso. Ele tem que encontrá-lo como um objeto subjetivo por meio da fantasia: uma forma de pensar algo por meio de relações internas de objetos que precisam ser expressas ao serem esvaziadas na realidade. Se o paciente parar e disser: "Ah, eu sinto muito. Eu não queria ter dito isso para você", isso indica um colapso do uso do objeto porque ele agora se sente culpado e está fazendo reparações.

É aqui que o relacionamento com os objetos interfere no uso destes. Quando um paciente pode entrar na sala, deitar e começar a falar conosco sobre nós sem que a culpa interfira, então estamos realmente sendo usados. Esse uso tem a ver com a agressão, com o prazer e com a descoberta e a articulação do objeto. É por isso que Winnicott acredita que o uso é mais importante do que se relacionar e por que ele acredita que o uso é uma conquista.

Ele está dizendo que o impulso destrutivo – "destrutividade máxima (com o objeto não protegido)" (PR91) – vem no momento em que o bebê começa a ver o objeto como externo, fora de sua área de onipotência. Então a destrutividade é direcionada para esse objeto real e externo, não para um interno. E, se as coisas correrem bem, o objeto externo sobrevive à destruição e ainda está lá para ser usado.

14

Moral

Já discutimos o prazer do bebê em construir uma boa relação com a mãe. Esse é um amor não instintivo, estimulado pelo prazer da mãe em recebê-lo, e essa mutualidade é importante para a eficácia desse lado da equação amor/ódio.

E a culpa?

Em "The development of the capacity for concern"* (1962 em DD), Winnicott estabelece a seguinte progressão:

1 Quando o objeto não é destruído, é "devido à sua própria capacidade de sobrevivência, não por causa da proteção do objeto pelo bebê" (DD104).
2 A ansiedade do bebê de que ele perderá a mãe-objeto por seus ataques excitados contra ela é mantida em xeque por suas contribuições para a mãe-ambiente.

---

* N. de R. T. Publicado em português sob o título "Desenvolvimento da capacidade para se preocupar", no livro *O ambiente e os processos de maturação*.

3 "Os impulsos instintivos levam ao uso sem piedade de objetos e, em seguida, a um sentimento de culpa mantido e aliviado pela contribuição para a mãe-ambiente que a criança pode fazer no decorrer de algumas horas" (DD104).
4 A oportunidade de fazer reparações permite que o bebê seja mais ousado em sua experiência dos impulsos do *id*, o que "liberta a vida instintiva do bebê" (DD104). O bom cuidado materno resulta na criança fazendo destruições mais confiantes à mãe, sem aumento da culpa.
5 "Quando a confiança nesse ciclo benigno e na expectativa de oportunidade é estabelecida, o sentimento de culpa em relação aos impulsos do *id* se modifica ainda mais, e então precisamos de um termo mais positivo, como 'preocupação'" (DD104).
6 A criança agora assume a responsabilidade por seus próprios impulsos instintivos "e pelas funções que lhes pertencem" (DD104).

A experiência da culpa está associada à ansiedade. Como Klein entendeu, a culpa do bebê paira entre o reconhecimento dos efeitos da destruição e o medo intenso de ser atacado pela mãe. No entanto, essa ansiedade persecutória deve ser confirmada quando a mãe falha em administrar a destruição. O medo de que ela retalie, de que ela faça com o bebê como ele fez com ela, é baseado na experiência de uma mãe que reage dessa maneira. Para Winnicott:

> [A] segurança da mãe-objeto para sobreviver ou da mãe-ambiente para fornecer uma oportunidade confiável de reparação leva a uma perda da capacidade de preocupação e à sua substituição por ansiedades cruas e por defesas cruas, como a divisão ou a desintegração. (DD105)

Em um importante ensaio intitulado "Morals and education" (Moral e educação) (1963),* Winnicott sugere que os esforços dos pais e da sociedade para "implantar a moral" (MP100) são, paradoxalmente, uma violação da moralidade inata de uma criança. Há uma tendência natural à moralidade baseada no desejo de uma criança de "ser como as outras pessoas e os animais que fazem parte de seu mundo" (MP100). Há inclusive "códigos morais" que os pais deixam dispersos no mundo da criança, como ursinhos de pelúcia e brinquedos para ela utilizar. "Esses códigos morais são dados de maneiras sutis por expressões de aceitação ou por ameaças de retirada do amor" (MP99).

Esses códigos são úteis, mas a presença deles não é responsável pelo desenvolvimento moral da criança. Esse desenvolvimento depende do uso desses códigos por ela, o que, por sua vez, depende do seu próprio desenvolvimento psicológico. Ou seja, as crianças têm um "progresso natural" que leva ao desenvolvimento moral.

Winnicott cita o exemplo do controle do esfincter pela criança quando ela está aprendendo a usar o banheiro. Ele diz que há um desenvolvimento natural relacionado ao controle do esfincter que depende não da pressão dos pais, mas do crescimento intrínseco da criança. Se os pais puderem esperar, a criança geralmente desenvolverá sua própria moralidade interna com base em seu progresso natural, uma evolução que a deixará com um "senso de realização e de fé na natureza humana" (MP100). A experiência desse desenvolvimento inato é muito diferente da produzida por um dos pais ou um educador que acredita que a criança deva ter a moralidade "ensinada".

Na visão de Winnicott, "a imoralidade para a criança é *obedecer às custas da maneira dela de viver*" (MP102). Em outras palavras, para a

---

* N. de R. T. Publicado em português sob o título "Moral e educação", no livro *O ambiente e os processos de maturação*.

criança, uma vida moral é aquela em que suas ações são derivadas de seu verdadeiro *self*. Uma criança precisa de tempo e paciência dos pais para viver segundo sua própria moralidade privada, mas tais desenvolvimentos são cruciais para sua crença final em si mesma.

Alguns pais e educadores recompensam a obediência e podem confundi-la com crescimento. A criança pode se transformar em uma cópia de um *self*, com o seu verdadeiro *self* permanecendo oculto.

Com isso, lembrei de uma experiência na vida do meu filho de 8 anos. Por cerca de dois anos ele frequentou uma escola que parecia, em um primeiro momento, ser muito boa. Ela ficava nas Montanhas Berkshire, na Nova Inglaterra, e tinha uma estrutura e um espaço adoráveis. Infelizmente, no entanto, os educadores estavam presos a uma ideia muito específica de que as crianças tinham que ser marcadas de perto e confrontadas sempre que cometessem uma transgressão.

(Esse tipo de mentalidade pode facilmente prevalecer em uma comunidade fechada na qual os anciãos podem exercer uma autoridade tirânica.)

Uma das coisas de que eu gostava no meu filho quando menino era a ousadia dele, mesmo quando isso se transformava em travessuras. Normalmente, não tenho dificuldade em ver a diferença entre a malícia que reflete o ego experimentando as coisas e a destrutividade que requer um confronto. Sabendo disso, meu filho geralmente era livre para ser criança: em outras palavras, ele não era adulto e não agia como um.

Um dia, no entanto, houve uma colisão entre a natureza dele e a moralidade puritana de sua professora. Ele estava jogando futebol com seus colegas, e a bola foi parar em um espaço debaixo do prédio da escola. Ele se ofereceu para entrar naquele buraco para buscar a bola – um momento de pequeno heroísmo, pelo menos para ele. Sua professora viu o que ele estava fazendo, chamou-o e lhe disse que era contra as regras da escola entrar embaixo do prédio. Ela o mandou de volta para a sala de aula e, quando as aulas recomeçaram, ela passou um sermão a ele e à turma sobre os perigos de explorações desse tipo. Então, depois da escola, ela decidiu contar à mãe dele, na presença dele, sobre sua infração.

O objetivo dessa história é fazer uma pergunta. Se deixado sozinho, meu filho teria percebido o problema em pegar a bola debaixo do prédio? Como era um lugar escuro, úmido e sujo, seu próprio senso interior de bem *versus* mal provavelmente teria prevalecido, por fim, informando-o internamente de que esse não seria um bom lugar para se estar. Além disso, ele foi lá para recuperar uma bola, não porque estava atrás de uma aventura rebelde independente. E era algo que não envolvia perigo: ele era capaz de distinguir entre entrar embaixo de um prédio e atravessar uma rua correndo.

Se essa professora quisesse imprimir nele uma regra e, ao mesmo tempo, apoiar seu próprio senso interior de certo e errado (com base nas capacidades do ego), ela poderia ter dito "Esse é um lugar bem sujo, não é mesmo?". Isso teria afirmado a própria experiência e percepção dele, bem como o papel dela em expressar que aquela área estava "fora dos limites". Se ele fizesse isso de novo, como uma questão de desejo independente, então ela poderia dizer a ele que não deveria fazer isso.

Em "Agression and its roots" (1939),* Winnicott argumenta que ao dar ao bebê tempo para ele se desenvolver, a mãe permite que ele seja destrutivo, que ele seja capaz de odiar. Isso é algo que o bebê faz realmente chutando e gritando em vez de aniquilando o mundo magicamente. Winnicott diz que:

> Por essa perspectiva, *a agressão real é vista como uma conquista*. Em comparação com a destruição mágica, ideias e comportamentos agressivos assumem um valor positivo, e o ódio se torna um sinal de civilização, quando temos em mente todo o processo de desenvolvimento emocional do indivíduo, especialmente os estágios iniciais. (DD 98-9).

▪

* N. de R. T. Publicado em português sob o título "Agressão e suas raízes", no livro *Privação e delinquência*.

Quão diferente é essa visão de civilização da de Freud? Em *O mal-estar na civilização*, Freud argumenta que a culpa impulsionada pelo superego é o preço da civilização. Acho que essa visão está correta, ou pelo menos é um mito plausível que é psicologicamente preciso em termos do período edípico, quando consideramos que a culpa derivada de desejos assassinos é um fator importante na criação de uma sociedade.

No entanto, o pensamento de Winnicott se aplica a um período anterior, à infância, quando a mãe permite que a criança traga seu ódio para o mundo dos objetos reais e descubra que ambos sobrevivem a isso. Essa provisão materna capacita o bebê a transformar uma força psíquica em uma experiência: colocar um estado mental no mundo dos objetos. O alívio deve ser obtido por meio dessa externalização, e a necessidade de ser capaz de odiar reconhece a função civilizadora de viver a partir do verdadeiro *self*. Ao se sentir real e operar de dentro de sua própria psique-soma, a criança provavelmente será capaz de desenvolver preocupação com o objeto com base na liberdade de suas próprias crenças, em vez de ser governada por uma obediência prematura e uma vida reativa.

Um dos artigos mais eloquentes e comoventes escritos por Winnicott foi dado como uma palestra no rádio em 1945. Intitulado "Home again",* ele abordava pais que esperavam o retorno de seus filhos que haviam sido evacuados da cidade para o campo durante a Guerra. O que ele disse serve tanto como um prefácio para a nossa consideração de sua visão da criança carente quanto como um ponto de embarque para nossa discussão subsequente sobre brincar.

Em "Home again",** ele diz:

> **Aqui estão as crianças de volta para casa, enchendo nossos ouvidos com sons que por muito tempo**

---

* N. de R. T. Publicado em português sob o título "De novo em casa", no livro *Privação e delinquência*.
** Em DD, pp. 49–53.

estiveram quase mortos. As pessoas haviam esquecido que as crianças são criaturas barulhentas, mas agora elas estão sendo lembradas. As escolas estão reabrindo... As ruas secundárias se tornaram campos de críquete, com as crianças gradualmente se adaptando ao tráfego da cidade. Das esquinas vêm bandos de nazistas ou outros tipos de gângsteres, completamente armados com pedaços de paus improvisados, igualmente caças e caçadores, alheios aos transeuntes. (DD49)

No centro do universo da criança está o lar. "Quando ela está em casa", escreve Winnicott, "ela realmente sabe como é a casa e, por causa disso, ela é livre para fingir que a casa é qualquer coisa que ela queira que seja para os propósitos de sua brincadeira" (DD50). A casa é uma extensão e um deslocamento de desenvolvimento do ambiente de *holding* materno. É uma área de segurança, de confiabilidade conhecida, que sustenta a liberdade da criança. "Brincar não é apenas um prazer, é algo essencial para o bem-estar" (DD50), e é a casa que fornece a base para a capacidade de brincar.

Em "The absence of a sense of guilt" (1966),* Winnicott descreve um padrão no qual uma "tendência antissocial" emerge. Deve-se ter em mente que tal tendência pode ser uma parte normal da vida de uma criança comum. Uma criança que molha a cama, por exemplo, expressa essa tendência antissocial na forma em como esse ato quebra a paz de espírito da família.

Há um estágio anterior à "chegada dos ganhos secundários" que exibe uma das características da vida delinquente. É quando "a criança precisa de ajuda e fica irritada por ser compelida internamente a roubar, a destruir" (DD110). Esse sentimento de irritação só pode ser

---

* N. de R. T. Publicado em português sob o título "A ausência de um sentimento de culpa", no livro *Privação e delinquência*.

aliviado agindo de modo a anunciar ao mundo que a irritação está presente e precisa ser atendida.

Winnicott defende que, quando uma criança é perturbada além de suas capacidades do ego, ela se torna esperançosa ao cometer atos antissociais que obrigam a sociedade a "voltar com ela para a posição em que as coisas deram errado e a reconhecer o fato" (DD110). Uma criança pode roubar da loja da esquina, e esse pequeno crime pode forçar os pais a levar a criança para uma consulta de psicoterapia, ou talvez, se eles forem pais perspicazes, eles mesmos se consultarem. Em uma boa situação, os pais e a criança passam a entender onde as coisas se quebraram na vida da criança.

"Então a criança pode voltar ao período anterior ao momento da privação", escreve Winnicott, "e redescobrir o bom objeto e o bom ambiente de controle humano que, ao existir originalmente, permitiu que ela experimentasse impulsos, incluindo os destrutivos" (DD110-11). Se isso der certo, a criança provavelmente não vai sentir o impulso de atuar o seu sentimento. O roubo chama a atenção, mas também arrisca incorrer em uma censura moral. Se a criança fosse então definida como um criminoso, ela seria privada da oportunidade de uma destrutividade saudável.

Winnicott afirmou, em 1946, que, quando uma criança rouba fora de sua casa, ela "ainda está procurando pela mãe"* (DD116). No entanto, essa busca indica agitação e frustração, que também refletem a necessidade de uma "autoridade paterna que pode e vai colocar um limite ao efeito real do comportamento impulsivo da criança" (DD116). No que Winnicott chama de "delinquência total", a criança precisa urgentemente de um "pai rigoroso que protegerá a mãe quando ela for encontrada" (DD116). Somente quando ela encontra esse pai forte, a

∎
* Ver "Some psychological aspects of juvenile delinquency" (1946) em DD, pp.113–119. [N. de R. T. Publicado em português sob o título "Alguns aspectos psicológicos da delinquência juvenil", no livro *Privação e delinquência*.]

criança pode recuperar o controle de seus impulsos amorosos, sentir culpa e "desejar reparar as coisas" (DD116).

O delinquente tem uma necessidade de se meter em encrencas. Por ser um incômodo, ele obriga a comunidade a dar-lhe atenção, mas isso não necessariamente restringe sua capacidade de amar. Os atos antissociais, inclusive, podem ser um meio de preservar seu amor pelos pais. Se a criança não puder criar um incômodo quando precisar, ela ficará inibida em seu amor, deprimida e despersonalizada. Por fim, ela será "incapaz de sentir a realidade das coisas, exceto a realidade da violência" (DD116).

Segundo Winnicott, geralmente é a passagem do tempo que cura o adolescente da doença específica da fase que o aflige. Cada adolescente é essencialmente uma pessoa isolada que está sempre à beira de uma depressão. Os adolescentes se reúnem e tendem a se identificar com membros singularmente perturbados do grupo – como aqueles que cometem suicídio, roubam ou usam drogas – porque tais atos individuais representam estados de espírito que existem em cada um deles.

Central para a visão de Winnicott sobre o adolescente é a responsabilidade do analista de tolerar agressões e atuações como indicadores de esperança, de fé no direito a uma criação pessoal da realidade. O adolescente começa parecendo destruir seus objetos – incluindo os pais –, mas essa destruição na verdade expressa uma forma de criatividade enquanto ele tenta se levantar, como uma fênix, das cinzas de sua destruição.

Esse é o segundo período da vida de uma pessoa em que o ambiente é atacado de maneira a reintroduzir os princípios de uso do objeto. O adolescente precisa destruir os pais como objetos da infância para encontrar o adulto neles. Fazer isso requer uma espécie de triunfo maníaco sobre o ideal parental. Como a criança tem um pai e uma mãe interior idealizados dentro de si, ela deve quebrá-los para aceitar as verdadeiras imperfeições dos pais e tudo o mais.

Talvez ela precise ser encorajada pelo efeito maníaco, pois o efeito da perda de seus pais de infância é bastante devastador. Diferentemente da criança pequena, o adolescente está angustiado com a percepção perturbadora de que ele poderia infligir danos reais. O adolescente gravemente perturbado pode, de fato, matar os pais, e com certeza pode prejudicá-los emocionalmente de uma forma que seria impossível alguns anos antes.

Nessa fase, pode ser muito difícil para os pais se identificarem com sua função parental quando seus ideais ligados a essa função estão sendo pisoteados pelo adolescente. A esse respeito, pais e filhos devem agora encontrar maneiras de sobreviver à perda mútua de ideais: a perda dos pais ideais pela criança e a perda do filho ideal pelos pais.

15

Brincar e criatividade

Em seu extraordinário e enganosamente simples artigo "Playing: a theoretical statement",* Winnicott diz que "a psicoterapia ocorre na sobreposição de duas áreas do brincar, a do paciente e a do terapeuta" (PR38).

Para entender por que ele coloca ideias complexas em termos tão simples, precisamos ter em mente o contexto em que ele viveu. Winnicott tinha um profundo apreço pela genialidade de Melanie Klein e, sem dúvida, foi capaz de apontar onde e como as interpretações dela constituíam um ato de brincadeira. Por exemplo, ao revisar o trabalho dela com Dick, é possível ver como a criança trouxe seu mundo interior para as sessões e como o brincar dela se sobrepôs ao brincar de Klein, na forma como ela usa suas ideias recém-descobertas. Nesse sentido, Klein brincava com Dick por meio de suas interpretações; enquanto Dick brincava com seus brinquedos, Klein brincava com suas ideias.

Winnicott cita a afirmação de Milner de que o brincar das crianças e a concentração do analisando adulto podem não ser meramente uma regressão defensiva, mas também "uma fase recorrente essencial

▪
* Winnicott cita Milner, "Aspects of symbolism in comprehension of the not-self", *International Journal of Psychoanalysis*, volume 33. 1952. [N. de R. T. Publicado em português sob o título "O brincar: uma exposição teórica", no livro *O brincar e a realidade*.]

de uma relação criativa com o mundo"'* (PR38). Ele afirma que devemos olhar para a brincadeira não apenas em termos de seu conteúdo, mas como uma coisa em si. Parece-me que os psicanalistas utilizam o brincar para derivar significados, mas não observam com cuidado suficiente para ele como um processo.

O brincar ocorre inicialmente em um espaço potencial entre o bebê e a mãe. É uma ação no espaço transicional entre o puramente interno e o real. O objeto transicional é o primeiro brinquedo, e o espírito de brincadeira é autorizado pela provisão materna. Pelo gerenciamento das necessidades e do ambiente da criança, a mãe sustenta um ambiente de *holding* que permite que a criança viva a partir de um núcleo relaxado e não reativo do *self*.

Desse lugar subjetivo, o verdadeiro *self* traz seu potencial herdado para momentos de ser por meio do uso de objetos. Conforme o bebê vai se comprometendo com essa criatividade, a mãe continua a facilitar o uso de objetos, trazendo-os para a visão ou a compreensão dele. Nos primeiros meses, ela apresenta objetos dessa maneira meio que mágica, proporcionando ao bebê uma experiência de onipotência. A repetição dessas facilitações permite que ele funda catexias agressivas e libidinais de objetos, algo essencial para o seu crescente senso de que pode viver a partir do núcleo do *self*.

Em algum momento, a criança se torna consciente dessa facilitação por parte da mãe. Então, quando ela brinca, cria uma ilusão de onipotência que permite sua criação de personagens e enredo (ursinho e cachorrinho vão procurar a mamãe). Dessa forma, a criança descobre os usos da ilusão, pois essa herança cultural é transmitida por meio do brincar e do relacionar-se. Os direitos criativos do *self* dependem da inscrição dessa liberdade pela mãe. Winnicott escreveu que:

---

* Winnicott cita Milner, "Aspects of symbolism in comprehension of the not-self", *International Journal of Psychoanalysis*, volume 33. 1952.

> Brincar é imensamente empolgante. É empolgante, *não só porque os instintos estão envolvidos*, que fique claro! Um ponto importante sobre o brincar é sempre a precariedade da interação da realidade psíquica pessoal e a experiência de controle de objetos reais. (PR47)

Essa precariedade existe porque há uma inevitável tensão presente no momento em que uma criança ou um adulto se pergunta se o brincar é possível. Todos nos lembramos, sem dúvidas, de uma pergunta aos nossos amigos durante a latência: "Quer vir brincar?" ou para os pais deles: "O Mike pode sair para brincar agora?". Ou, mais tarde, aquele momento em que perguntamos a um amigo: "Você quer ir ao show do Gilel comigo semana que vem?" ou "Você já ouviu a piada sobre os dois psicanalistas que cresceram juntos?".

Nunca temos certeza absoluta de que nosso desejo de brincar será correspondido. Inclusive, se brincar fosse um direito incondicional, se ele fosse algo resolvível facilmente (como comer ou respirar), então parte da empolgação intrínseca às alegrias da brincadeira estaria ausente.

No coração da brincadeira há uma pergunta, uma pergunta que só pode ser expressa como um derivado, como "Você quer brincar?". A pergunta subjacente é: "É possível brincar? Temos o direito de brincar neste momento?". Assim, nos momentos imediatamente anteriores ao início da brincadeira, surge, de maneira inevitável, a questão de saber se a brincadeira pode estar presente ou não. E uma das razões pelas quais brincar causa alegria é que ele fornece a resposta. Brincar é sua própria celebração, e os produtos da brincadeira, mesmo quando são grandes obras de arte, são sempre menos significativos do que o fato de que brincar foi possível.

Será que Winnicott se voltou para um conceito de brincar porque a mesma problemática inerente à questão da brincadeira – brincar ou não brincar – estava em jogo no campo da psicanálise? Será que a psicanálise estava prestes a ser assumida por fanáticos teológicos que transformariam suas verdades em pensamentos catolicizados?

Ou suas descobertas poderiam permanecer como objetos provisórios, disponíveis para uso em qualquer momento específico entre paciente e analista? O pensamento de Winnicott sugere que o uso de um objeto psicanalítico depende dos direitos de brincar. Esse direito está presente ou não? A lei da mãe está em vigor?

"Quando um paciente não consegue brincar", escreve Winnicott, "o terapeuta deve atender a esse sintoma principal antes de interpretar fragmentos de comportamento" (PR47). Essa abordagem não é tão fácil. Inclusive, anos podem passar antes que brincar se torne uma possibilidade, caso em que um período de "análise-padrão" das ansiedades, das depressões e das manifestações de transferência do paciente pode ser essencial.

A ideia de que brincar é um objetivo em uma análise se relaciona com o impulso de liberdade em qualquer pessoa oprimida. No entanto, a possibilitação da liberdade de seu paciente pelo psicanalista não é o mesmo processo que escapar de um regime opressivo. Dentro do paciente individual não há um limite tão claro entre as áreas de opressão e liberdade. Em vez disso, o analista se esforça, com alguma sacada ou por meio do humor, para permitir um momento de brincadeira com o analisando, em um esforço para estabelecer isso como uma experiência humana legítima.

É claro que Winnicott achava que esse direito não estava presente no "kleinianismo", embora ele estivesse lá na prática da própria Melanie Klein. Brincar sempre é um elemento nas descobertas criativas de um analista talentoso, mas muitas vezes pode não estar presente nas pessoas que o seguem, que podem se apegar como cola às ideias de um criador. Lacan, por exemplo, claramente gostava de seu brilhantismo travesso e sempre fazia brincadeiras, mas essa era uma qualidade notavelmente ausente, em grande parte, nas legiões de acólitos que o seguem e que falam em seu nome.

Winnicott procurou defender esse direito, não simplesmente pedindo seu reconhecimento, mas também incorporando os princípios do brincar em sua maneira de representar o argumento. Ele era uma pessoa travessa, um indivíduo que brincava com naturalidade.

Ele era relutante em permitir que a palavra "criatividade" fosse apropriada para o mundo artístico. Ele acreditava que as pessoas comuns são criativas se abordam a vida de maneira criativa. O "impulso criativo" é, portanto, algo que pode ser visto como uma coisa em si (PR69).* Embora seja um precursor necessário para a produção de um artista, ele está igualmente presente "quando *qualquer um* – seja um bebê, uma criança, um adolescente, um adulto, um idoso, um homem ou uma mulher – olha de maneira saudável para qualquer coisa ou faz qualquer coisa deliberadamente" (PR69).

Em seu ensaio "Creativity and its origins" (Criatividade e suas origens), Winnicott diz que analisar o trabalho de um artista criativo em relação à sua sexualidade – por exemplo, o esforço de Freud em vincular o trabalho de Leonardo da Vinci à sua homossexualidade – é irritante, e por boas razões, pois faz parecer que estamos chegando a algum lugar quando, na verdade, "a direção da investigação está errada" (PR69). "O tema principal, do próprio impulso criativo", diz ele, "está sendo contornado. A criação se localiza entre o observador e a criatividade do artista" (PR69).

No que diz respeito às teorias freudianas e kleinianas da criatividade, Winnicott afirma que o conceito de primazia da pulsão de morte constitui uma recusa em olhar para a "implicação total da dependência e, portanto, do fator ambiental" (PR70-1). A pulsão de morte é "uma reafirmação do princípio do pecado original" (PR70). Ele continua: "[...] a história de um bebê individual não pode ser escrita apenas nos termos do bebê. Ela deve ser escrita em termos também do que o ambiente disponibiliza, do que atende às necessidades de dependência ou não as atende" (PR71).

Ao descartar a primazia da pulsão de morte e do fator hereditário na determinação do equilíbrio entre a morte e a vida, Winnicott coloca a criatividade pessoal no coração do indivíduo. Se o cuidado materno

---

* Ver "Creativity and its origins", PR, pp. 65-85. [N. de R. T. Publicado em português sob o título "A criatividade e suas origens", no livro *Brincar e realidade*.]

for suficientemente bom, se a mãe ajudar o bebê a sobreviver ao choque da perda da onipotência, então o bebê pode gradualmente relacionar objetos internos e subjetivos com objetos objetivamente percebidos.

Como os objetos parecem derivar de uma subjetividade profunda, essa transferência de catexias permite que ele se sinta real e que tenha uma relação criativa com o mundo exterior. O mundo dos objetos de Klein é excessivamente malévolo, já os objetos de Winnicott carregam a marca tranquilizadora da forma criativa de vida. O bebê de alguma forma sabe que os objetos que ele cria são seus, e a disposição caótica da posição paranoico-esquizoide se torna real apenas quando ocorre um colapso no ambiente de *holding*.

Na teoria lacaniana, o bebê sente que por meio do objeto ele encontra a imagem que o outro tem dele, dividindo assim o sujeito nas ordens imaginária e simbólica. Realmente acho que essa divisão é significativa, mas ela é apresentada como mais angustiante do que precisa ser, pois Lacan não considera a relação criativa do bebê com a realidade, especificamente a capacidade de dotar objetos de vida subjetiva.

Nada, a meu ver, nos dá um vislumbre mais claro da criatividade pessoal de Winnicott do que seu artigo sobre esse assunto. No entanto, alguns leitores ficam intrigados com sua abordagem súbita de um tópico inteiramente novo, o masculino e o feminino, que ele liga apenas de forma fugaz e tangencial à sua teoria da criatividade.

Ele descreve uma sessão com um paciente do sexo masculino que teve 25 anos de análise sem chegar ao fator que acabou sendo crucial para sua mudança potencial. Winnicott descreve:

> **Na presente fase desta análise, algo foi alcançado, o que é novo *para mim*. Tem a ver com a maneira como estou lidando com o elemento não masculino na personalidade dele. (PR73)**

Assumindo total responsabilidade por dar um salto teórico, ele diz ao paciente: "Estou ouvindo uma garota. Eu sei perfeitamente bem que você é um homem, mas estou ouvindo uma garota e estou conversando com uma garota. Estou dizendo a essa garota: 'você está falando sobre inveja do pênis'" (PR73).

O paciente ficou profundamente comovido com esse comentário, mas Winnicott sentiu que deveria ir mais longe. Ele continua:

> Foi minha próxima observação que me surpreendeu e encerrou o assunto. Eu disse: "Não foi que *você* disse isso a ninguém; sou *eu* quem vê a garota e ouço uma garota falando, quando na verdade há um homem no meu divã. A pessoa louca *sou eu*". (PR73-4)

Esse momento criativo permitiu que o paciente se sentisse são em um ambiente louco. "De minha parte", escreve Winnicott, "precisei viver uma profunda experiência pessoal para chegar ao entendimento que sinto que agora alcancei" (PR74).

A partir dessa descoberta pessoal, Winnicott é finalmente capaz de mostrar ao paciente como a mãe dele o via como uma menina, quando na verdade ele era um menino. Olhando para trás, ele diz que a segunda parte de sua interpretação foi algo que ele quase não se permitiu fazer.

> No entanto, tínhamos algo novo aqui, novo em minha própria atitude e novo na capacidade dele de fazer uso do meu trabalho interpretativo. Decidi me render a tudo o que isso pudesse significar em mim, e o resultado pode ser encontrado neste artigo que estou apresentando. (PR75)

Não conheço representação mais clara do trabalho criativo em análise do que esse episódio registrado por Winnicott. Ele sintetiza a liberdade interior e a capacidade dele de acolher uma nova ideia que processa sua experiência privada do analisando.

Em outros lugares, eu disse que acho que os psicanalistas contemporâneos não utilizam o suficiente um elemento autoanalítico. Isso equivale à capacidade dos pais de autorreflexão, mas também requer uma capacidade no analista de brincar internamente. Essa é uma inspiração própria por meio da qual novas ideias surgem em um certo espírito de oferecer ideias hipotéticas em vez de declarar verdades.

Winnicott ficou surpreso com sua percepção da inveja do pênis no paciente. Ele se rendeu a uma experiência do conhecido não pensado e, em seguida, por meio de uma observação surpreendente, de repente sabia o que pensava. Ao incorporar o espírito da autoanálise, ele transmitiu isso ao seu paciente, e um espírito de brincadeira foi estabelecido.

Parece-me que não faz sentido separar forma e conteúdo nesse ponto. É irrelevante se é precisamente a ideia (o conteúdo) ou sua chegada em um certo espírito (forma) que é transformador, pois a ideia e o espírito de criação são inseparáveis. Mas é possível afirmar que somente se rendendo ao conhecido não pensado que Winnicott conseguiria ter uma ideia inspirada assim.

Certamente a maneira dele de utilizar o espaço psicanalítico foi transmitida ao analisando, que foi permitido pelo exemplo a se render a um ato imaginativo que poderia funcionar no conhecido não pensado. Essa entrega e sua inspiração resultante são o material da criatividade e da vida.

16

Questões

P: *O que acontece com o elemento masculino na menina quando ela adentra o complexo de Édipo?*

R: Com as histéricas, o elemento masculino na relação entre mãe e criança é, em última análise, transferível para a situação edípica. Se a mãe tem o elemento do pai e o elemento masculino dentro dela e em sua maternidade, se ela consegue representar o elemento masculino para o bebê, isso ajuda a pavimentar o caminho para uma situação edípica suficientemente boa.

P: *Nós nos desenvolvemos tanto instintivamente como em relação ao self. Como coordenamos as duas coisas?*

R: Acho que há um entrelaçamento da vida instintiva e da evolução do ser que Winnicott define como eixo do desenvolvimento do *self*. Ao discutirmos o casamento da evolução instintiva e da evolução do *self*, consideramos dois vetores cruciais para a teoria psicanalítica. O primeiro é o que Freud atribui para cumprir a função de descarga das tensões instintivas. Isso pode ser um objeto ideacional – uma ideia do objeto permite que o instinto seja cumprido.

Winnicott concentra-se no segundo objeto, aquele que está lá na realidade externa como o soma da psique da mãe ou do pai. Por exemplo, digamos que um derivativo do instinto emerja como sede. A mãe então apresenta o seio e o bebê bebe. Naquele momento, os dois objetos se ligam. É a organização materna da dialética entre os dois objetos que, a meu ver, coordena a evolução mútua do instinto e do *self*.

> **P:** *De que maneira uma criança alcança a saúde por intermédio da função da ilusão? E como utilizamos a ilusão para entrar em contato com a realidade?*
>
> **R:** Acho que a resposta está na função específica de uma ilusão que cria uma experiência de onipotência. A mãe sustenta uma ilusão de que o bebê cria o mundo e, ironicamente, é essa ilusão que permite que ele reúna os detalhes da realidade. Os objetos da realidade parecem emergir dos desejos e das necessidades da criança.
>
> **P:** *Qual o papel da desilusão em termos de declínio da onipotência?*
>
> **R:** Para Winnicott, a desilusão é uma atividade incremental gerenciada pela mãe, à medida que ela gradualmente informa o bebê sobre a natureza objetiva da realidade. Acho que podemos acrescentar a isso que a criança também descobre a objetividade da vida por si só, quando descobre que seus objetos não correspondem aos seus desejos. Portanto, o desenvolvimento psicológico é em si um procedimento, um meio de trabalhar em prol da saúde. Uma vez que a criança consegue alcançar um objeto sozinha, sem a facilitação da mãe, ela descobre que às vezes o objeto cai de sua mão. Essa é uma frustração instrutiva porque a ajuda a aprender coisas sobre o mundo.

Sabemos a surpresa que o bebê tem quando esbarra em um objeto. Não é porque ele se machuque ou sinta dor – ele fica em um estado de descrença! Como isso pode acontecer? E, claro, quando a criança que caminha cai repetidamente e se levanta de novo, toda a experiência é curativa da ilusão de onipotência.

Portanto, do ponto de vista de Winnicott, o desenvolvimento psicológico é curativo. Ele coloca grande ênfase no processo maturacional, em uma evolução natural em direção à saúde que ocorrerá na pessoa se as condições forem favoráveis. Mais adiante, veremos como essa ideia figura em sua teoria da prática psicanalítica.

P: *Você acha que, de certa forma, é normal que uma mãe experimente uma depressão pós-parto?*

R: Sim, acho que é comum uma mãe experimentar uma depressão pós-parto de um tipo ou de outro. Para cada mulher deve haver uma memória inconsciente da perda da provisão ambiental total, pois isso foi verdadeiro na perda de sua própria existência intrauterina. É por isso que é tão importante que a amamentação seja mutuamente prazerosa, pois a libido – o prazer da mutualidade instintiva – é um fator de recuperação.

P: *Você pode falar mais sobre a transição da solidão para a dependência?*

R: Do ponto de vista de Winnicott, há um estado de dependência dupla durante a solidão. O feto depende do estado intrauterino, e a mãe também depende do feto. Essa é uma dependência da qual o feto não tem conhecimento, então Winnicott discrimina entre a dependência que não é conhecida e a dependência conscientemente experimentada. Ele acredita que nas semanas imediatamente antes do nascimento há um despertar da consciência em relação ao ambiente, mas ele distingue isso do reconhecimento do bebê em relação à mãe, que, obviamente, vem muito mais tarde.

P: *Que tipo de solidão estamos considerando? Ela precede a dependência?*

R: Isso é o que Winnicott chama de paradoxo. Você está certa de que ele disse que a solidão vem antes da dependência. Mais tarde, ele diz que é claro que a dependência existe no útero, mas o feto não tem conhecimento disso. Então, seria possível que ele ainda estivesse pensando o que essa solidão primária realmente é? Acho que a solidão que ele está descrevendo é aquele estado de ser que existe logo após o surgimento da vida inorgânica para a orgânica (ou seja, da não existência para a existência), quando há, presumimos, um registro mínimo de estímulos de dentro (do soma ou da psique) ou de fora (do mundo externo).

P: *Como você acha que os sonhos e fantasias servem ao verdadeiro self?*

R: Existem alguns sonhos e fantasias que não representam simplesmente derivativos instintivos, mas objetificam os movimentos do verdadeiro *self*. Alguns de nossos relacionamentos na vida refletem nossa própria evolução. Por exemplo, quando nos apaixonamos, temos certeza absoluta da escolha. Nós não a questionamos. Simplesmente acontece. Mas como podemos explicar por que nos apaixonamos por uma pessoa em especial? Nossa escolha do objeto do amor tem a ver com a elaboração inconsciente de nossa estrutura intrínseca. Há algo nesse outro que evoca nosso idioma próprio e há uma ligação.

Não podemos explicar essas escolhas específicas, mas muitas vezes elas são realizações do nosso verdadeiro *self*. Elas têm uma determinação, uma clareza, uma segurança que está além do pensamento reflexivo. É como se encontrássemos um objeto (uma pessoa, um livro, um compositor) por meio do qual o verdadeiro *self* pode se mover, para que possamos nos elaborar e nos completar. Lendo Melville, eu consigo pensar além da ficção e ter muitas reflexões. Essa é a minha escolha e consigo me mover pelo objeto.

Nunca apenas lemos o texto. O texto nos lê. Ele cria espaço para nos movermos. Há muito tempo, quando li Jane Austen pela primeira vez, parecia que eu tinha me deparado com uma parede. Simplesmente não era o meu objeto e eu me senti preso. Conseguia no máximo suportá-la. Para mim, era uma questão puramente acadêmica de ter que ler o livro para poder entender Jane Austen. Isso mudou com o tempo, conforme eu ia enfrentando sua ficção, uma parte necessária da dialética da experiência.

P: *Você disse há algum tempo que não gostou da música de Mahler quando a escutou pela primeira vez. Então seu verdadeiro self não conseguiu se envolver com ela?*

R: Muitas vezes, é importante confrontarmos um objeto. É importante negociarmos algo entre nossos próprios objetivos internos, nossos desejos e nosso idioma próprio e a organização estética específica dele. E há muito a aprender sobre a negociação da dificuldade. Após a dialética da resistência e da atração, seríamos capazes de nos mover, por assim dizer, através do objeto em direção à elaboração de nossa própria experiência de *self*?

P: *Se não conseguirmos realizar o nosso verdadeiro self, lamentamos essa perda? Ela poderia causar uma depressão?*

R: Em um primeiro momento, isso poderia ser visto como forma de depressão, mas acho que esse não é o termo correto. É mais como uma tristeza retida, um monumento do corpo que comemora a morte de um aspecto do verdadeiro *self*. Meu conceito do conhecido não pensado inclui a ideia de que temos algum conhecimento interior que nos permite, potencialmente, reconhecer e permitir o luto pela perda do *self* não vivido.

Quando, por exemplo, ocorre um divórcio e um novo parceiro é encontrado, pode haver um movimento intenso, feliz, de criatividade à medida que percebemos partes do *self* que nunca haviam sido vividas antes. Existem alguns casamentos em que a escolha de um parceiro é uma escolha ruim. Talvez essa escolha seja uma forma de recriar uma obstrução original à realização do verdadeiro *self*, muitas vezes obstruções que estavam na mãe e no pai.

A escolha de uma pessoa por um parceiro pode nos levar a um momento de diagnóstico. Os adolescentes com frequência se sentem atraídos por alguém que é frágil ou vulnerável, mas sempre que você ouvir alguém dizendo "Mas eu o amo porque ele precisa de mim" – fique atento! Em última análise, essa escolha envolverá um fechamento do verdadeiro *self* para satisfazer as necessidades do outro e, na verdade, essa é a própria necessidade da pessoa projetada no parceiro. A transformação equivale à perda original: o bebê precisa da mãe, mas, se a necessidade da mãe pelo bebê for maior, as necessidades legítimas do bebê podem se perder.

P: *O que exatamente você quer dizer quando fala em celebrar a criança?*

R: Devemos deixar a criança saber que estamos interessados nos fatos de sua vida instintiva. Em vez de tentar interpretar o significado inconsciente de uma comunicação, isso muitas vezes pode ser feito de forma mais eficaz apenas mostrando surpresa ou celebrando afetos dela. Todos nós sabemos, pela nossa experiência de trabalhar com crianças, que nossas interpretações perspicazes sobre como os bebês vão parar na barriga da mamãe muitas vezes evocam um simples "Não!".

Em um dos casos que temos discutido, a analista celebra que o paciente tenha aberto um dos caminhões de brinquedo. Ela diz para si mesma: "Ah, segredos!", e em resposta ao robô: "Ah, que robô grande!". O objetivo aqui é celebrar a representação simbólica do *self* corporal da criança e vincular essa representação à relação de objeto na transferência. Acho que uma análise precisa proceder como uma dialética de celebração e interpretação.

P: *Podemos estar celebrando "o processo maturacional"?*
R: Concordo. Existem paradigmas de desenvolvimento que precisam de celebração na análise. Em diferentes fases da separação na vida, é importante que o analista acolha a agressão do paciente contra o analista.

Uma vez mandei um cartão postal irônico para um paciente adolescente psicótico. Eu sabia que era importante para ele fingir que minha ausência não tinha importância. Sua resposta à minha partida foi: "Ah, duas semanas! Agora posso fazer o que quiser". Então escrevi: "Eu sei que você está morrendo sem mim!".

De certa forma, eu estava celebrando a independência do *self*. Acredito que é errado ficar insistindo, "Não, eu acho que na verdade você vai sentir minha falta", como se quiséssemos implantar um pedaço de ideologia psicanalítica no paciente. Quando um paciente sente falta do analista, esse é um momento muito importante, muito delicado, muito sofisticado. Sentir falta do analista é uma forma de se relacionar com o objeto: ele está sentindo falta do analista como outro.

P: *Você acha que seu conceito de celebração do analisando deriva de seu treinamento no Grupo Independente na Inglaterra?*
R: Sou grato aos meus próprios analistas em Londres que celebram seus pacientes. Em especial, no entanto, devo muito a Marion Milner, que sempre celebrou o paciente.

Às vezes penso em um paciente maníaco-depressivo (discutido anteriormente) que me dizia em todas as sessões que queria me matar. Ele não queria dizer isso literalmente: ele queria dizer, na verdade, que não queria que eu dissesse nada. No entanto, eu interpretava para ele o que ele estava fazendo, dando interpretações analíticas bastante comuns sobre sua onipotência, sua aniquilação do objeto e assim por diante.

Ele era um homem brilhante e muito inteligente. Um dia, a aniquilação de uma interpretação que eu fizera foi extraordinária. Isso me divertiu bastante, embora eu fosse objeto da destruição verbal. Então disse a ele: "Meu Deus... bravo!". No final da sessão, perguntei: "Bem, você acha que vou conseguir me levantar da minha cadeira para te levar até a porta?".

Esse momento mudou a atmosfera da análise. A partir de então, quando ele estava sendo destrutivo, eu dizia: "Ah, então é dia de matar o Bollas".

Por estar tão doente, a interpretação psicanalítica para ele parecia um ataque. A interpretação pode se tornar uma espécie de contra-assassinato, equivalente a despedaçar o paciente. Temos que encontrar uma alternativa a isso para que a psicanálise não seja uma força oposta, como um tapa de volta. Precisamos, em vez disso, celebrar a superdotação mental do analisando, mesmo quando ela é utilizada para nos destruir.

Não conheci Winnicott, mas conheci sua esposa, Clare, e Martin James, Enid Balint, Nina Coltart e outras pessoas do Grupo Independente. Acho que uma das grandes contribuições do grupo para a psicanálise tem sido a maneira com que ele vem descobrindo os elementos positivos em meio às formações mais destrutivas. Entre as fantasias e comportamentos mais destrutivos, eles conseguiram encontrar o esforço da criança para criar uma solução para uma situação impossível. E é essa capacidade de descobrir o objetivo positivo – poderíamos dizer os instintos de vida – que acredito diferenciar o trabalho deles do pensamento kleiniano da época.

P: *Qual o efeito da repetição na brincadeira de uma criança na análise?*

R: Que pergunta interessante. Deixe-me começar com a música. De certa forma, receber material repetido é como ouvir uma música de novo e de novo. Parte da função da repetição na música é que a experiência nunca é a mesma duas vezes. Mesmo que conheçamos ela muito bem, nossa resposta interna nunca será idêntica à das vezes anteriores em que a escutamos. Nós descobrimos elementos que nunca notamos antes a cada vez que a escutamos novamente. E tenho certeza de que a função de escutar na análise não é diferente.

Talvez seja isso que se entende pelo trabalho de elaboração. A ênfase tem sido tradicionalmente na ideia de que deve haver um longo período em que o paciente trabalha para elaborar suas resistências. Porém, nesse contexto, acredito que elaborar tem mais a ver com os diferentes estados do *self* nos quais o paciente está a cada momento em que ele ouve a interpretação. Pode levar muito tempo para que a personalidade total a absorva. Então, isso tem menos a ver com resistência do que com a necessidade de tempo.

P: *Como sua teoria do conhecido não pensado se encaixa aqui?*

R: Originalmente, pretendi que esse termo se referisse ao que a criança sabe, em parte por meio de conhecimento herdado e, em parte, por meio de transações paradigmáticas operacionais com a mãe. É uma lógica operacional que não foi pensada representacionalmente. Ou seja, não alcançou a forma de fantasia ou de pensamento abstrato, por isso não podemos usar a palavra "pensamento" como normalmente a entenderíamos.

A outra área em que agora uso esse conceito é o armazenamento pela criança de experiências do *self* que estão além da compreensão dela. Para começar, as experiências de vida na família. Elas constituem o ambiente da criança. Ela vive em um clima e sabe disso, mas não consegue pensá-las, então a situação está além da sua compreensão. Esse tipo de conhecimento não pensado é diferente do conhecido não pensado das transações operacionais.

Fundamentalmente, do ponto de vista teórico, estou tentando abordar fenômenos mentais conhecidos, mas que não foram reprimidos. Em outras palavras, em uma teoria topográfica da mente, não podemos dizer que esses fenômenos são dinamicamente inconscientes. Só podemos dizer que eles são inconscientes no sentido de que o ego inconsciente organiza a experiência.

P: *Você poderia falar mais sobre seu interesse nas dimensões evocativas da análise?*

R: A palavra "evocação", como você sabe, vem de *evocare*, que significa "invocar". A palavra "celebração" também significa "chamar para a cerimônia". Acho que isso tem algo a ver com a criação pelo analista de uma atmosfera que seja propícia para o tipo de relacionamento com o objeto que facilita a atividade do verdadeiro *self*. Se essa atmosfera não for criada na análise, então, a meu ver, o verdadeiro *self* não estará presente.

Um dos grandes conceitos freudianos, e a característica central de uma psicanálise lacaniana, é a ideia de que não sabemos o que pensamos até falarmos. Ou seja, o sujeito é revelado por meio do seu discurso. Assim, no curso da livre associação, o inconsciente fala o sujeito, e é somente por meio dessa liberdade que o sujeito descobre o que realmente pensa.

Uma das grandes descobertas de Winnicott é que não conhecemos nosso próprio ser, exceto por meio da experiência. Assim, podemos dizer que o analisando não conhece a linguagem de seu próprio verdadeiro *self*, exceto por meio de sua experiência consciente e inconsciente dentro da análise.

Existem inúmeros elementos de personalidade, e todos eles têm uma função diferente que articula, por meio do ser, os elementos da disposição herdada. Winnicott chama esse processo específico de "personalização", o desenvolvimento (ou preenchimento) para cada indivíduo de seu próprio caráter único.

No entanto, muitas vezes temos pacientes em análise que não conseguiram articular o seu ser por meio da vivência em suas famílias. Eles podem ter desenvolvido um falso *self* ou podem ter entrado em estados psicóticos, impedidos de chegarem no ser. Nessas situações, uma tarefa central da psicanálise é facilitar o surgimento do verdadeiro *self* dessa pessoa.

P: *Como podemos entender isso?*

R: Deixe-me usar a linguagem da teoria das relações de objetos para diferenciar entre um estado de ser e um estado de *self*. No decorrer da análise, um paciente pode trazer para a transferência uma ideia específica que prova, após reflexão, ser uma introjeção materna: uma característica do outro. Essa introjeção faz parte do estado de ser do indivíduo naquele momento, mas não é estritamente um estado de *self*. Poderíamos chamá-la de uma representação inconsciente do outro. Assim, no decorrer de uma análise, entre outras coisas, um paciente descobre o que é verdade nele e para ele e o que é verdade para o outro.

Alguns objetos internos são representações de objetos endopsíquicos, algo não captado de fora, mas criado fundamentalmente desde dentro, desde o conhecido não pensado. Quanto mais trabalho com o pensamento de Winnicott, mais o conceito do verdadeiro *self* se torna crucial para trabalhar com sua teoria.

Quando uma criança pequena vê a sombra de seu foguete de brinquedo na parede na hora de dormir, ela pode brincar com a imagem daquele foguete. Ela pode pilotá-lo até Marte e explorar os céus, mas, de vez em quando, ela pode apenas olhar para a sombra que ele projeta na parede, examinando a relação entre o foguete real e sua sombra. Quando ela utiliza a sombra do foguete para pilotar uma nave no espaço sideral, ela o faz sabendo que isso é faz de conta.

Então, embora chamemos isso de espaço da ilusão, estamos usando a metáfora de espaço para designar uma capacidade: a capacidade de "fazer de conta". Essa expressão pode sugerir que algo está realmente sendo planejado, mas a criança descansando em sua cama à noite, olhando para seu quarto e encontrando a sombra do foguete, não planeja criar um sonho de voar para o espaço. Além disso, ela não sabe, no momento dessa descoberta, o que será feito dessa ilusão. A imprevisibilidade do uso da ilusão é tão crucial para o que dela emerge quanto a imprevisibilidade da fala para Freud. O que a livre associação é para os freudianos, o uso da ilusão é para os winnicottianos.

Dentro da capacidade de usar a ilusão, o verdadeiro *self* aparece. Ele chega por meio do brincar espontâneo com um objeto sob condições especiais.

> **P:** *O objeto transicional é um objeto parcial?*
>
> **R:** Podemos dizer que o objeto transicional é um objeto parcial no sentido de que ele representa um vasto processo interminável. No entanto, no sentido kleiniano do termo, que se refere especificamente a um objeto interno, ele não é um objeto parcial.

O conceito de transicionalidade de um objeto é determinado pelo uso que o bebê faz dele. Um ursinho de pelúcia não é em si um objeto transicional; ele só é transicional se a criança o usar de forma transicional.

A função interna de um objeto parcial do ponto de vista kleiniano não é equivalente ao objeto transicional como um objeto parcial no sentido winnicottiano. Winnicott também tem o cuidado de discutir o destino do objeto transicional. O que acontece após o uso do objeto transicional e qual é o seu *status* subsequente? Ele se torna internalizado e, portanto, podemos nos referir a ele como um objeto interno?

Ele diz que não, pois com o tempo sua função transicional é esquecida e seu uso abandonado. Em vez disso, inúmeros outros objetos são encontrados e usados. O objeto transicional não sofre uma repressão; a pessoa encontra sua contraparte no mundo interno tal como foi a experiência interna do processo transicional. Não é uma representação de objeto. É o traço interno de um tipo de criatividade. O uso que o bebê faz dos objetos transicionais dá vida ao mundo interno de objetos.

> **P:** *Qual é a função do pai na relação da criança com o objeto transicional?*
>
> **R:** Winnicott responde isso muito especificamente. Ele argumenta que a função do pai é apoiar a mãe para que ela, por sua vez, possa manter o ambiente de *holding*.

Por apoio, ele não quer dizer que o pai simplesmente saia e compre comida ou lave a roupa. O apoio mais crucial do pai é realizar a parceria do homem. Ele tem que preservar viva na mãe a relação dela com o pai e com o próprio elemento masculino dela. Um exemplo do elemento masculino seria a capacidade da mãe de colocar o bebê no chão e se afastar. Em outras palavras, sair do papel materno primário.

Outro derivado do elemento masculino é a relação com, e a catexia do mundo exterior. Assim, se houver uma deficiência na manutenção do elemento masculino no casal que está cuidando da criança, haverá uma espécie de colapso quando a mãe, o pai e o bebê entrarem e permanecerem dentro de uma situação muito regredida.

Há uma forma de ambiente de *holding* paterno que tem algo a ver com uma relação muito especial que um pai faz com um bebê. Isso é em parte uma função das características intrínsecas específicas dele, muito familiares para o bebê, que sabe o que é ser segurado pelo pai tanto quanto sabe o que é ser segurado pela mãe. Diferentemente da mãe, o pai não pode assumir sua identidade e seu papel para o bebê, então esse ambiente de *holding* paterno também tem algo a ver com a maneira como ele se apresenta ao bebê como um objeto. Com o tempo, uma das tarefas dele é representar as leis da existência social. Lacan escreveu muito sobre isso.

> **P:** *Você acha que há uma diferença entre o uso que o bebê faz de sua língua ou polegar e o papel do primeiro objeto transicional? Estou pensando em relação à ideia de Gaddini de "objeto precursor".*
>
> **R:** Isso levanta uma questão importante: o que leva um ser humano a formar esse tipo de objeto?

O polegar ou a língua não são objetos externos nem são uma identificação com a mãe. Poderíamos dizer que é algo precursor da mesma forma em que, quando a criança usa o corpo como objeto de brincadeira, isso é algo precursor do brincar com uma coisa externa real. É claro que há um desenvolvimento desde o uso do bebê de seu próprio corpo até o uso de outros objetos, e podemos ver uma transição do objeto precursor para o objeto transicional.

> **P:** *Estamos falando de como o bebê faz a realidade?*
>
> **R:** Sim. No esquema de Winnicott, o bebê não descobre a realidade, ele a faz. O objeto transicional é o meio pelo qual o bebê cria seu próprio mundo. Se o objeto transicional estiver sendo usado defensivamente por causa da ansiedade persecutória, então teríamos que entender isso como um uso indevido do objeto transicional. Isso se mostraria talvez em um uso excessivo do objeto transicional, um uso excessivo repetitivo e ansioso dele.

Esse fazer a realidade é uma contribuição crucial por parte da mãe. No início, ela dá ao bebê o que ele precisa dela, depois dá a ele o que ele precisa do mundo dos objetos, ampliando assim a gama de subjetividade do bebê.

Na teoria kleiniana da formação de símbolos, o bebê cria novos objetos porque a ansiedade associada ao objeto primário (o seio da mãe) é muito intensa. Isso leva o bebê a formar substitutos para articular simbolicamente as ansiedades de estar com a mãe. Já no esquema de Winnicott, a evolução da subjetividade e da simbolização é uma facilitação da mãe quando ela apresenta ao bebê objetos que dão prazer a ele. Aqui a evolução do simbólico chega pelo prazer, não pela ansiedade.

Na verdade, as duas visões não são mutuamente excludentes. Há certas pessoas muito perturbadas, e poderíamos dizer que suas formações simbólicas são o resultado do tipo de ansiedade de que Klein fala. No entanto, há outras para as quais as formações simbólicas corresponderiam melhor à teoria da formação de símbolos de Winnicott.

Provavelmente existem muitos elementos diferentes no fenômeno total que chamamos de criatividade. Parece-me provável que em cada pessoa criativa um elemento venha do uso prazeroso dos objetos de transição e outro venha da ansiedade e da necessidade de representar simbolicamente esse estado psíquico específico.

Voltando a Winnicott e ao tornar a subjetividade real: ao fazer isso, acredito que o bebê se identifica inconscientemente com a criatividade da mãe. Até certo ponto, o uso que o bebê faz do objeto transicional é da natureza de uma interpretação do bebê da adaptação criativa da mãe a ele.

P: *Se for o caso de o uso do objeto transicional pelo bebê ser um ato de identificação com a mãe, isso não estruturaria e limitaria substancialmente a liberdade dele? Poderia isso, inclusive, ser uma forma de defesa?*

R: Quando utilizei a palavra identificação, não quis dizer identificação como uma atividade defensiva. Quis dizer em um nível tátil, cinestésico e sensorial – um nível sensorial no qual o prazer somático está ligado a um objeto e se estende simbolicamente. Começa com o soma. Ele é estendido pela proximidade de um objeto, e o soma alcança um novo prazer pelo uso do objeto. Portanto, quando o bebê pega seu objeto transicional, ele o faz após muitas experiências da mãe apresentando o seio, limpando o corpo, vestindo o corpo, apresentando todos os tipos de objetos – animais fofinhos, móbiles, imagens, brinquedos macios com seu cheiro. Essas experiências não são identificações com a psicologia da mãe; são identificações dentro do que é sensorial para ele.

Assim, de certa forma, o objeto transicional é o primeiro vocabulário do bebê. Como vocabulário, ele pode ser usado para fazer muitas declarações. A cada momento o bebê comenta sobre o seu estado de ser por meio do uso do objeto transicional.

Por volta dessa época, o bebê começa a ter um senso do futuro, de um amanhã. Isso é possível porque ele começa a ser capaz de diferenciar entre agora, duas horas atrás e ontem. Quando ele desenvolve um objeto transicional, acredita que o objeto ainda estará lá amanhã e, portanto, ele pode investir uma grande quantidade de libido nele. Se ele não o encontra no presente, ele sente que ainda deve estar lá; pergunta onde ele está e ele procura pelo objeto.

De certa forma, um objeto de transição é uma representação simbólica da ontogênese. É como se o bebê tivesse compreendido os ingredientes do que é ser humano; do que é tornar real nossa própria subjetividade e comunicá-la. Então, o objeto transicional também é memória porque ele armazena o passado. Ele é um utilitário porque é usado no presente e é visão porque está conectado com o futuro. Todos esses fenômenos complexos que compõem muito do que é ser humano são estabelecidos pelo bebê em seu uso do objeto transicional.

P: *O objeto transicional é um símbolo?*
R: Seja ele um pedaço de cobertor ou um ursinho de pelúcia, o objeto de transição não é em si um símbolo; ele é o processo pelo qual os símbolos são criados. O significado dele reside em seu uso como meio de articular e elaborar o verdadeiro *self*. Quando um bebê projeta algo nele para que seja usado como um símbolo, ele então ganha um significado representacional estático. Pode haver obs-

táculos. Muito provavelmente estaríamos falando sobre um fetiche ou um objeto perverso que não está mais realizando experiências multifacetadas.

Para continuar um pouco, nas décadas de 1950 e 1960, os psicanalistas inspirados pela ideia de Winnicott pensaram em muitas maneiras diferentes de falar sobre o objeto transicional. Objeto transicional como fetiche. Objeto transicional como perversão. Objeto transicional como ansiedade ossificada. Objeto transicional como seio. Objeto transicional como pé. Objeto transicional como terra. Objeto transicional como... várias outras coisas. Então acho que é importante esquecer o objeto e olhar para a qualidade da experiência no espaço transicional.

P: *Qual é a diferença entre mente e psique na teoria de Winnicott?*

R: Essa é uma distinção clínica. Ela nos permite distinguir pacientes que simplesmente relatam ideias que vêm à mente, daqueles cujo caso não é simplesmente um relato cognitivo, mas tem várias texturas psíquicas emocionais em várias camadas. Um relato da psique do analisando cria um espaço intermediário para ambos os participantes; ele provoca a resposta psíquica do analista ao analisando, em vez de simplesmente existir como um momento cognitivo.

Assim, dependendo da capacidade da mente – ela pode fornecer facilitação criativa ou obstrução intelectualizada – a psique pode ou não ser adequadamente representada.

Em suma, a psique refere-se ao caráter e aos personagens de nosso "mundo interno", já a mente se refere às nossas ações mentais.

P: *Quando Andre Green discute o narcisismo primário, ele parece, de certa forma, estar pensando na solidão essencial.*

R: Estou muito feliz em ouvir meu bom amigo Andre Green sendo referenciado. No entanto, não estou convencido de que o estado de solidão primária seja equivalente ao estado narcisista de unidade. A meu ver, o estado narcisista de unidade é uma memória da relação da criança com a mãe, da relação do feto com o útero. Paradoxalmente, portanto, é uma unidade que sempre se baseia na duplicidade. Essa é uma ironia do estado narcisista. Poucos são mais dependentes do outro do que o narcisista.

P: *Quando o idioma próprio começa?*

R: O idioma está lá antes do nascimento. No decorrer do desenvolvimento psicológico, ele se elabora. Na teoria de Freud, não acho que haja uma forma específica de abordar uma organização do idioma próprio ao nascer que evolua e se elabore ao longo da vida. No entanto, quando comecei a me interessar por esse problema, pareceu-me que o ego inconsciente sobre o qual Freud escreve, que de fato organiza a repressão e a representação mental, é construído na primeira infância.

Discordei da tendência de vincular o *id* ao verdadeiro *self*, e o ego ao falso *self*. O ego inconsciente está muito próximo da ideia do verdadeiro *self* se tivermos em mente a disposição herdada e a organização herdada.

P: *Como você conceitua a pulsão de morte?*

R: A pulsão de morte é o desmantelamento do aparelho psíquico. Na forma extrema, a psique é interpretada como o traço inconsciente de um ambiente de *holding* e deve ser destruída para desmantelar completamente o sujeito.

P: *O que você quer dizer com atemporalidade?*

R: O bebê precisa da capacidade da mãe de contê-lo, de *reverie* para que, por meio da atemporalidade que ela estabelece, a criança se sinta sustentada pela vida.

A atemporalidade característica do processo primário do inconsciente pode ser um fator gerador ou muito perturbador. Podemos dizer que existe um funcionamento inconsciente que usa a atemporalidade para permitir uma integração não direcionada de todos os fatores da experiência da pessoa. Isso se baseia na contenção do bebê pela mãe e na contribuição dela para a experiência de que a atemporalidade é benéfica para ambos. No entanto, se ela não estabelecer uma função de contenção materna e facilitar o *reverie* para si e para o bebê, a criança se sentirá perdida no inconsciente, o que é uma forma de loucura.

O tempo materno é muito diferente do paterno. No folclore, falamos do Pai Tempo. Um velho com uma barba comprida. Esse Pai Tempo representa a marcha do tempo, a passagem do tempo. Assim, o tempo paterno é movimento através do tempo, já o tempo materno é atemporalidade.

Milhões de crianças existem em casas vazias. Com os pais no trabalho, elas assistem à televisão ou brincam sozinhas. O que isso implica? Significa que ninguém está dando tempo materno. O apoio à atemporalidade inconsciente desapareceu. O espaço interno para recepção de notícias de dentro do *self* se foi. Nessa situação, não há solitude, apenas solidão ou isolamento. Onde estava a atemporalidade, agora estão o vazio e o desespero.

> **P:** *O que Winnicott quer dizer ao afirmar que gostaria de estar vivo após sua própria morte?*
>
> **R:** Acho que essa é uma passagem muito comovente. Discuti isso longamente com Clare Winnicott. Acho que é relevante aqui trazer meu conceito de "conhecido não pensado": podemos saber algo que ainda não foi pensado. Isso também está ligado à ideia de Winnicott sobre a disposição herdada com a qual todos começamos na vida. É minha crença que temos um senso em nós da elaboração potencial de nosso verdadeiro *self* através do tempo e da existência humana.

Podemos pensar na vida humana como a elaboração gradual dos núcleos do nosso idioma próprio. Estar vivo em nossa morte significa ter estado imaginativamente presente na velhice, ter estado lá, vivenciando a articulação final de nossas potencialidades.

17

Discussão de casos

P: *(Após uma apresentação clínica):* Você acha que essa paciente histérica, que muitas vezes é psicótica, ainda está envolvida em relacionamento com os objetos? E como isso difere da pessoa borderline?

R: Acredito que o analista tem um objetivo muito específico na apresentação do material dela. A paciente organiza a vida psíquica por meio dos sonhos e de suas narrativas de forma coesa, mesmo que os detalhes pareçam muito loucos. Ela representa o conteúdo psíquico simbolicamente. Ela chupa o polegar, bate a cabeça, lê o jornal; ela mostra, demonstra, simboliza. Ela faz cenas loucas.

O *borderline* não tem a sensação de se dirigir a uma pessoa específica nem tem a capacidade de organizar cenas loucas dessa maneira. Ele não tem a sensação de um outro organizado receptivo; em vez disso, ele projeta a dor psíquica no analista sem representá-la de maneira simbólica. Então, a identificação projetiva é muito mais importante para o *borderline* do que para o histérico.

Na contratransferência, ao trabalhar com pacientes *borderline*, com frequência podemos achar muito difícil pensar. Pode haver momentos em que essa paciente funcione de maneira *borderline*, mas geralmente o terapeuta é capaz de pensar nela e também consegue sentir afeto e simpatia, o que não seria muito possível com um paciente mais *borderline*.

É lamentável que o diagnóstico de histeria tenha mais ou menos recuado no campo da psicanálise.* Quando um paciente nos guia, nos conduz simbolicamente, por mais loucos que pareçam, acredito que seja uma evidência de histeria. Atualmente, parece que estamos revertendo o grande progresso que Freud fez em sua descoberta desse tipo de funcionamento. Pode ser especialmente difícil reconhecer um psicótico histérico, pois agora eles são muitas vezes diagnosticados como esquizofrênicos, mas, ao diagnosticá-los como esquizofrênicos ou *borderline*, estamos perdendo de vista a especificidade do histérico.

Com essa paciente o diagnóstico de esquizofrenia é, a meu ver, uma catástrofe para ela.

David

P: *Você poderia comentar sobre a apresentação do caso dessa manhã e sobre os problemas de trabalhar com a criança autista?*

R: Quando você relatou os estados mentais violentos que experimentou ao trabalhar com David,** você disse: "Senti que ele estava me comunicando algo muito profundo sobre sua situação interior e suas ansiedades". Eu chamaria isso de "fé na contratransferência". Em outras palavras, você tem alguma fé de que a representação é possível, pois não há nada que ele esteja fazendo com você aqui que me sugira que ele mesmo está lhe dando esta confiança.

Eu acho que você simplesmente tem fé, e às vezes a própria base da fé é que não há nenhuma evidência para apoiá-la. Podemos distinguir

---

* Comecei a dar seminários sobre histeria no final dos anos 1980 e durante os anos 1990. O resultado foi a publicação de *Hysteria* (Routledge, 1999).
** A apresentação do caso não foi registrada e, portanto, não é apresentada aqui.

entre fé e crença. Na crença, geralmente há evidências para acreditar em algo. A força da fé é a falta de qualquer evidência para apoiá-la. Ao trabalhar com crianças autistas, ou crianças muito perturbadas, acho que temos fé, mas não temos crença.

Essa criança colocou você nos estados mais miseráveis em que ela mesma esteve. A questão aqui é se ela vai curar você. Se ela fizer isso de fato, seu trabalho terá chegado ao fim. Lá está você, sozinho em um quarto escuro, curioso e cheio de ódio, e ainda assim você tem fé de que ele está lhe dizendo algo. Será que sua fé será reconhecida pelo menos parcialmente por essa criança?

Aqueles de nós que trabalham com crianças autistas geralmente começam com fé. Quando o tratamento não leva a um progresso visível ou mesmo invisível, podemos perder a fé em trabalhar com esse paciente e outra pessoa precisará assumir.

Você descreveu como seu paciente insistia em atividades simétricas: ele queria dormir e, portanto, queria que você dormisse com ele etc., mas você não descreve sua contratransferência nesse momento. Como ele estava lhe fornecendo algo para fazer, pensei que você estaria se sentindo pelo menos um pouco feliz por algo parecer estar acontecendo na sessão. Em outras palavras, ele estava criando, em um nível simbólico, uma relação simbiótica com você. Quando ela se quebrou, ele ficou caótico e excessivamente ansioso; depois você relata que ele começou a construir coisas, a construir coisas nas sessões. E, novamente, acho que ele faz isso para curá-lo.

A questão não é "Isso indica que ele está melhorando?". Essa é a essência da sessão? Não. O ponto é que você está melhorando, passando de uma contratransferência de prisão, morte, ausência e destruição para uma parceria criativa com a criança.

Então, a decisão é dele de permitir que você nasça, entre minimamente em uma parceria e brinque com ele de maneira mínima. Para mim, isso significa que a criança pode simbolizar a evolução do *self*, que ela pode acreditar nele e que ela pode representá-lo de maneira simbólica. E, ao permitir que você respire e esteja vivo e não perca a fé, ele certamente está sugerindo que acredita que é possível que isso aconteça na vida. Então, acho que podemos olhar para essa situação com algum otimismo cauteloso.

O espaço potencial, mesmo que seja criado em e de si mesmo, não cura ninguém. Muitas pessoas excelentes, muitos artistas brilhantes que fizeram um uso maravilhoso do espaço intermediário, são pessoas profundamente perdidas. Mas o genial de Winnicott, penso eu, foi sugerir que pessoas normais e sãs que eram incapazes de fazer uso do espaço potencial ou da área intermediária de experiência careciam de criatividade pessoal. Ele sentiu isso quando um paciente veio para análise dizendo: "Eu na verdade não tenho nada do que reclamar. Estou muito feliz, mas simplesmente não me sinto criativo". Essa foi uma razão adequada para a pessoa buscar uma análise. Era um tipo específico de reclamação e exigia uma abordagem diferente para a análise.

Anna

"Anna" tem 9 anos. Ela tem sessões de psicoterapia três vezes por semana há dois anos. Ela foi encaminhada por sua escola porque eles consideraram que não havia como educá-la. Ou ela ficava quieta e não cooperativa na sala de aula, evitando contato visual com os outros, ou irrompia em uma hiperatividade maníaca na qual fazia bagunça, acompanhada de falas mentalmente confusas.

Academicamente, ela estava atrasada de maneira considerável em suas habilidades de escrita e em sua capacidade de narrar ou representar o que havia lido e o que pensava.

Ela veio de uma família de classe média angustiada, na qual o pai havia sido uma figura distante durante o seu primeiro ano de vida e nos anos iniciais de sua infância. Quando Anna tinha 3 anos, a mãe dela deu à luz a um bebê que viveu apenas seis meses. Ela conheceu o irmão visitando o túmulo dele com a mãe.

A mãe de Anna ficou cada vez mais perturbada, o pai perdeu o emprego e, embora conseguisse alguns trabalhos, ele passou a ficar em casa por longos períodos. A vantagem disso foi que Anna se voltou para ele em busca de maternidade alternativa, e o fato é que o pai acolheu essa oportunidade para ser útil.

A mãe era uma figura altamente ansiosa e profundamente intrusiva, sempre preocupada com Anna. Na sessão inicial com toda a família, a mãe interrompia o marido e Anna para terminar suas frases e distorcer o significado delas. Alguns meses após o início da terapia, o hospital recebeu um relatório sobre a família, em que foi revelado que a mãe havia sofrido episódios psicóticos ao longo da infância de Anna.

Quando a terapia começou, Anna acordava muito cedo e ao meio-dia já estava exausta e caía em um cochilo. Esse padrão era algo inadequado para a família (e para a escola) e era uma questão de alguma preocupação para as pessoas ao redor de Anna.

[Agora vamos ao meu comentário sobre a apresentação do caso.]

Nas sessões, Anna, de vez em quando, brincava com alguns pequenos animais de brinquedo de lã adequados para uma criança de 3 anos.

Começarei discutindo o que acho que Anna organizou em sua personalidade. No início do trabalho com ela, dizia: "Eu desenho, não, espera, eu desenho"– interrompendo-se repetidamente com afirmações incompatíveis. Essa foi sua forma de organizar o rompimento da continuidade do ser em sua personalidade, transformando uma realidade ambiental em um traço de seu caráter.

Ao interromper a si mesma, *ela* (não a mãe) recria a interrupção de sua própria existência. Ao transferir um dilema relacional para um intrapsíquico, ela dá organização ao caos.

Notamos que ela brincava com animais de brinquedo, o que pareceu um pouco estranho para alguns, pois ela parece já ter superado essa fase.

Talvez ela estivesse usando os animais de brinquedo para preencher as lacunas criadas por suas hesitações. Colecionar animais de brinquedo pode ser uma maneira de colocar as experiências de *self* da criança pequena em um local físico-existencial.

Quando Anna interrompia a continuidade das sessões com hesitações e interrupções de si mesma – representando o padrão materno-

-existencial – o esforço da analista para preencher o espaço nesses momentos podia re-presentar o que Anna fazia quando criança quando tentava oferecer algo à mãe.

Naquele momento, os comentários da analista são "ofertas".

A analista relata, no entanto, que ela sentia que suas contribuições eram estúpidas e que ela se sentia impotente. Elas não eram internalizadas e pareciam não afetar a paciente.

Imagine que a experiência da analista correspondesse à do paciente.

O estado da analista poderia ecoar a experiência de Anna com sua mãe? Nesse caso, então, incapaz de contribuir para a vida da mãe, Anna passaria esse dilema para a analista, que é sutilmente forçada a vivê-lo.

Além disso, como Anna sempre interrompia seu próprio pensamento para dizer: "deixa eu...", ela mostrava como não conseguia contribuir para o próprio desenvolvimento interior, pois algo estava impedindo o "eu" dela de ter liberdade de expressão. Ela estaria estabelecendo uma deficiência intelectual – a interrupção – que continua a patologia da relação dela com a mãe?

A analista diz que muitas vezes se encontrava verbalizando o humor da paciente. Essa é uma ação terapêutica importante. Talvez o analista funcione como um objeto transformacional transformando humores e estados psíquicos em linguagem. Dessa forma, a analista desempenhou uma função para a criança que a mãe não conseguiu cumprir e forneceu uma solução viva para o dilema de Anna.

Como resultado desse trabalho muito importante, Anna se adaptou ao espaço. Ela corria pela sala pulando por todo o lugar. Ela não conseguia se lembrar do nome da analista e tinha perda de memória. A analista relatou isso como algo confuso, mas podemos nos perguntar se essa era a intenção. Por meio do teatro imaginativo e radical da criança, a mãe analista não conseguia segui-la (ou espelhá-la).

Anna estava livre.

De forma tão importante quanto estar livre, e tendo percebido a função transformacional da analista, agora era seguro para ela se tornar não integrada.

A presença desse outro, a analista, ironicamente permitiu que Anna passasse pela experiência útil da "não experiência" do objeto. Ela precisava estar em um estado de catexia sem objeto. Acredito que ela não tinha ideia do que poderíamos chamar de *uso do objeto primário*.

Ela não sabia como usar o objeto. Ela só sabia como descarregar estados instintivos e afetivos em um vazio. O desenvolvimento mental nesse ponto é precário porque, na idade dela, o superego pode ser tão severo que o ego se fragmenta para sobreviver. Quando o superego é muito duro, não é possível manter a integração psíquica.

O seu acordar cedo e ter sonolência à tarde podia ter algo a ver com o terror do superego, o ataque que a acorda de manhã e o esforço para se defender ficando sonolenta. Pular pela sala poderia ser seu uso positivo do que não tem sentido.

Ela nos forneceu uma pista quando desenhou uma grande sepultura e disse que havia um homem nela, mas que ele estava apenas fingindo estar morto. Ele se cobriu de papel apenas para pregar uma peça. Então ela desenhou uma garota saindo do papel e disse que ela estava viva. Ela disse que a mãe dela estava lá – chorando; então Anna começou a ficar muito assustada.

Sabemos que ela teve um relacionamento mais ou menos bom com o pai e que ele cuidou dela após a morte de seu irmão. O túmulo representa muitas coisas, incluindo a morte da mãe, mas dentro da morte da mãe está a presença emergente do pai. Da morte, que combina a perda de um irmão e a perda da mãe, surge uma menina.

Vemos a cura da representação. A criança imagina um novo começo, bem escondido no aparente absurdo de seu comportamento.

Sabemos que a reorganização do *self* dela é resultado de ter "nascido de novo" com a relação com o pai. E o fato de ela nascer a partir do papel, de ela sair do papel que cobre o pai, me sugere (porque desenhamos em papel e escrevemos no papel) que a identidade dela veio daquela fase de sua vida junto com a aquisição da linguagem. Seus problemas na escola tinham a ver com a escrita e o problema da representação. (Ela se recusava.)

Mesmo que se virar para o pai tenha sido um movimento inteligente por parte do ego, o que era adaptativo e integrativo naquele momento de sua vida se tornou um problema logo depois. Ela inclusive teve que rejeitar esse tipo de nascimento: vindo do pai. Talvez seja por isso que ela tenha que rasgar pedaços de papel, pois ela estava tentando de alguma maneira destruir a falsa origem de sua identidade nascida do pai. Ao mesmo tempo, após contar essa história de seu nascimento, ela disse que sentia que seu ser era "estrágico", um neologismo que ela esclareceu que significa estranho, cansado e trágico. Pelo que entendi, acho que ela disse: "mas se eu não nasci de meu pai, como eu posso ter nascido da minha mãe, porque é aqui que eu deveria ter pedido para nascer".

Há uma outra ironia porque muitas vezes ela se referia à "história", à história da família, pois essa história trágica – mórbida, com muito desespero, separação, abandono e loucura – dominou sua vida. Acho que ela também estava procurando se libertar não apenas da identificação com a mãe – ela não queria entrar dentro da mãe –, mas queria também se libertar do aprisionamento na história da família.

No início de uma sessão, ela trouxe uma história em quadrinhos para a sala e ficou em silêncio por 15 minutos. O silêncio parecia ter uma função muito positiva. Ela então mostrou fotos do túmulo e, em seguida, um capítulo de um livro, *Little women grow*, e apontou para uma garotinha em um cemitério. A analista disse que a garotinha devia ter perdido alguém importante para ela. E é claro que isso estava certo, mas ela pareceu espantada com a analista. Acredito que ela não estava surpresa, pois acho que ela sabia dessa conexão. Fazia sentido para ela, e o trabalho que estava sendo realizado nesse sentido era muito importante.

Por que ela ficou surpresa?

Porque o outro sabia disso.

A surpresa é que ela estava apenas começando a se tornar conhecida e conhecível.

Ela leu outra história e se distraiu, e se movia muito porque não queria mais ficar presa nessa história, porque a história tinha se tornado o equivalente ao corpo da mãe e à pessoa da mãe.

No entanto, tendo então estabelecido que o outro a conhecia, não havia necessidade de ela se prender a imitar a história de sua vida.

Refletindo, é provável que nossa compreensão de nossos pacientes – sobretudo nossas representações verbais da mãe ou do pai – possa se tornar a presença da mãe ou do pai deles. E, após um tempo, os pacientes não desejam mais estar nessa presença.

Então, em um momento marcante, a analista disse que Anna procura freneticamente por um lápis na caixa de brinquedos, encontra uma lata de cola seca, vira-a sobre a mesa e, com um pequeno pincel, separa as partes maiores das migalhas com um movimento que lembra a analista de um joalheiro escolhendo as melhores pedras. Quando a analista pensou nisso, Anna disse: "Eu estou dividindo as joias". Assim, em outras palavras, ela não queria mais representações da menina triste em relação à mãe trágica ou em relação ao pai trágico. Isso parecia uma armadilha: a armadilha em que ela sempre esteve e da qual ela tinha que sair na sessão.

Ela fez isso correndo pela sala. Ela interrompia a sessão, movendo objetos na frente dela, como os pedaços de cola. A analista achou que era como se fossem joias e a paciente disse isso. Naquele momento, elas encontraram um contato uma com a outra no nível do absurdo, não da narrativa, mas por meio do relacionamento com objetos. É uma ironia do trabalho clínico o fato de que devemos continuar tentando alcançar nossos pacientes por meio de interpretações, e acho que as interpretações dessa analista são muito semelhantes às que eu estaria dando. E, de fato, aprendemos muito sobre as necessidades dos pacientes pela perturbação que eles sentem com nossas interpretações.

Gostaria de chamar a atenção para outro aspecto desse trabalho clínico, pois a analista analisou a relação com o objeto, a relação da criança com os animais. Acho que isso é muito importante, porque nos ajuda a entender por que essa paciente estava respondendo tão positivamente à analista. Há uma diferença entre analisar as relações com objetos e a projeção de objetos internos no analista. É claro que ambos são importantes, mas é necessário saber a diferença. Uma análise das relações com objetos envolve interpretação no aqui e agora:

dos sentimentos do paciente em relação ao analista e inter-relações e análise de relações com objetos internos que envolvem a explicação de fantasias inconscientes. A análise das relações de objetos internos envolve um processo mental muito diferente no paciente do que a análise da identificação projetiva no relacionamento com objetos.

Parecia que Anna se sentia como se todo o *self* dela, seu *self* corporal, estivesse presente nas sessões. Ela disse que naquela noite eles iam sair para comer *pizza* e que no dia seguinte haveria uma festa na escola, e ela bufa e toca o peito e a barriga e suspira pesadamente.

Inchando, mostrando o peito, suspirando pesadamente, ela chama a atenção para seu corpo, que ela sabe que cresce em virtude de comer e ingerir algo. O estômago é importante, os seios são importantes, a atividade respiratória é importante. É como se ela estivesse trazendo o corpo para a mãe na transferência: a mãe que nunca viu (apreciou) esse corpo. Nesse momento, talvez vejamos um bom estado de regressão da criança na frente da mãe. Ela pega uma bola da caixa e diz: "vamos jogar" e joga a bola violentamente na analista.

Em um nível inconsciente, talvez ela estivesse pegando o que criou por meio da *pizza*. Está na barriga e no peito, forma um objeto que não é alucinação, mas real, e diz algo como: "Eu absorvo algo, eu tenho algo dentro de mim, eu o tiro para fora... agora você pega isso".

Poderia ela estar tentando encontrar uma forma de criar objetos que tivessem uma mistura de elementos projetivos internos e realidade externa para forçar uma entrada na relação com a mãe? Mas então ela pareceu sentir que devia começar a pensar, que ela tinha que começar a se organizar na mente, então ela foi até o quadro negro, tentou dividi-lo e escreveu nomes nele. Ela esqueceu o próprio nome e ficou muito confusa. A analista comentou que Anna estava apresentando uma patologia que não acontecia há muito tempo – esquecer os nomes – mas talvez a paciente estivesse nos mostrando por que e como sua patologia surgiu. E ela mostrou o problema, assim como tentou formar uma relação entre a realidade psíquica e a realidade externa, entre o interno e o externo, entre *pizza*, corpo e bola.

Puf! Ela desapareceu e então foi para "dentro" da mente. Ela esqueceu nomes, perdeu o contato com a realidade. Essa podia ser a maneira dela de dizer "é daí que vem minha doença". Então, é claro, como sem dúvida a maioria de nós faria, pois isso aconteceu logo antes das férias, a analista passou a acreditar que a paciente estava comunicando algo sobre o choque da separação e, portanto, estava tentando abordar isso a partir desse ponto de vista. Mas a paciente começou a rir, e as palavras que ela escreveu eram palavras sem sentido que tornavam as interpretações sem sentido.

Em seguida, ela pegou a mesma bola e a jogou para cima, de maneira que a analista não conseguia pegá-la. A analista começa a ficar irritada, como se estivesse sendo forçada a se engajar demais, mas se vinga porque a analista vence. Na verdade, esse jogo entre as duas era mais como a relação da criança com a mãe, em que a mãe estava sempre tentando lidar com a exaustão e o cansaço, mas no final, se tudo se resume a uma batalha de força, a mãe sempre vai ganhar. Enfatizo isso porque acho que é a qualidade da relação com o objeto que é um dos fatores curativos no tratamento dessa menina.

Talvez Anna esteja dizendo: *"os pensamentos vêm dos objetos"*. Para que os pensamentos sejam interpretados, os objetos primários devem ser integrados. Assim, a bola se tornou o que poderíamos chamar de um "pensamento-objeto" ou "objeto-pensamento", e é esse aspecto duplo da bola que a tornava uma característica tão importante da troca.

Nesse ponto do tratamento, ela começou a descobrir os prazeres do envolvimento com a analista. E isso tinha a ver com o prazer da vida instintiva, que, é claro, envolvia excitação e superexcitação e triunfo e tudo isso, mas não era um fenômeno de descarga. Ela não estava descarregando. Se isso fosse um fenômeno de descarga, ela jogaria a bola na parede ou nem pegaria uma bola. Ela apenas descarregaria o instinto. Ela joga a bola *na* analista. Portanto, podemos falar de vida instintiva dentro de uma relação com objeto.

No final, ela joga melhor do que a analista e ganha após ter sentido uma depressão sobre a possibilidade de perder. Ela ofegantemente diz:

"Eu jogo para ganhar", enquanto age como se fosse a maioral. Desse modo, pode-se dizer que, no decorrer dessa relação com objetos, na qual os objetos são intercambiados, ela experimentou algo como depressão comum e mania comum.

O que ela fez aí? Ela sabia que as férias estavam chegando e sabia que haveria uma separação. Então, quando ela disse: "Eu jogo para ganhar", podia estar ilustrando que conseguia lidar com a ausência porque estava descobrindo o domínio do *self* em relação aos objetos e aos outros. No final da sessão, houve um momento de confusão com a chave e a fechadura, mas as últimas palavras dela – "Eu jogo para ganhar"– sugerem que há mais material nessa análise.

Anna está se alimentando de um seio interno (a analista introjetada) e agora é capaz de engordar por dentro. Ela vai gerar sua própria vida psíquica.

Bibliografia de Winnicott

Babies and their Mothers. London, Free Association Books, 1988.

The Child, the Family, and the Outside World. London, Penguin, 1964.

Deprivation and Delinquency. London and New York, Tavistock, 1984.

The Family and Individual Development. London, Tavistock, 1965.

Holding and Interpretation. London, The Hogarth Press, 1986.

Home is Where We Start From. London, Penguin, 1986.

Human Nature. London, Free Association Books, 1988.

The Maturational Process and the Facilitating Environment. London, Hogarth, 1972.

The Piggle. London, Hogarth, 1978.

Playing and Reality. London, Tavistock, 1971.

Psychoanalytic Explorations. London, Karnac Books, 1989.

Talking to Parents. New York, Addison-Wesley, 1993.

Through Paediatrics to Psycho-Analysis. London, Hogarth, 1975.

Obras sobre Winnicott

Leituras essenciais
Jan Abram, *The Language of Winnicott*. London, Karnac, 1996.
Adam Phillips, *Winnicott*. London, Fontana, 1988.

Leitura complementar
D.W. Winnicott, *Collected Works*, eds. Lesley Caldwell and Helen Taylor Robinson. Oxford, Oxford University Press, 2018.

Índice

A

adolescentes, destruição de objetos, 110-111
afetos, teoria clássica dos, 53-54
agressão
   analistas tolerando, 110-111
   celebração e resistência, 94-95
   como destrutividade, 94-96
   como objeto da criança, 96-97
   como primeiro impulso de amor, 97-98
   como realização, 95-97, 107-108
   comportamento impulsivo, 22-23
   criança usando a, 21-22
   erotismo muscular, 93-94
   fator hereditário, 93-94
   medo de impulsos agressivos, 93-95
   ódio como sinal de civilização, 96-98
   ódio e, 106-108
   prazer e, 32-33, 93-94, 101-102
   ser e, 7-8
   sexualidade e, 18-20
   três padrões de, 97-99
   verdadeiro *self*, 31-32
alucinação, 32-33, 50--53
ambiente de *holding*
   continuidade do ser da criança, 16-17
   cuidados maternos suficientemente bons, 22-23
   dependência, 14-15
   mantendo o senso de tempo, 14-15
   papel do pai, 131-133
   pulsão de morte, 136-137
ambiente, personalidade da criança, 22-23
análise, dimensões evocativas na, 128-130
analista, objetividade do, 98-100

aniquilação, experiência de, 15-16
Anna (estudo de caso), 142-150
   descobrindo o prazer em se envolver com o analista, 149-150
   mãe, 142-148
   pai, 142-143, 145-148
   pizza, corpo e bola, 148-149
   relação com animais de brinquedo, 143-144, 147-149
ansiedades
   associadas à insegurança, 25-26
   que as crianças experimentam, 73-74
aranha, objeto vivo, 60
argumentação, prazer na, 31-32
artista
   impulso criativo, 116-117
   trabalho de Da Vinci, 116-118
atemporalidade, 136-138
Austen, Jane, 124-125
autoanálise, 119-120
autoerotismo, 18-19

B

Balint, Enid, 127-128
bebê(s)
   agressão e sexualidade, 22-23
   ansiedades das experiências de, 73-74
   balbuciar como fenômeno transicional, 50-51
   capacidade de preocupação, 46-47
   conhecimento de Winnicott sobre, 45-47
   culpa, 104-105
   demandas sobre a mãe e o pai, 75-76

dependência da mãe, 72-74, 95-96
dependência do, 23, 70-72
desenvolvimento de capacidade de preocupação, 103-105
estados do ego, 18-19
experiência com objeto, 16-18
fazer a realidade, 132-134
frequência respiratória, 9-11
ilusão de mundo, 69-70
ilusão sensorial, 8-10
independência, 23
integração do ego, 21-22
internalização do processo de contenção materna, 41-42
mãe criando um novo espaço para o, 70-71
membrana limitante, 21-22
movimento corporal livre, 25-26
nascimento de, 13-14
natureza da personalidade, 22-23
necessidade da mãe-ambiente e da mãe-objeto, 20-21
objeto transicional, 133-135
onipotência, 31-32
projeção, 46-47
reação às intrusões, 7-9
sensualidade e, 22-23
brincadeira
direitos criativos da, 114-115
espaço potencial entre criança e mãe, 113-115
paciente e terapeuta, 113-117
questão da, 114-116
brincar, 114-115
conceito de, 115-116
liberdade das crianças para, 107-109
princípios do, 116-117
repetição no, da criança, 127-129

C

caos
conceito de, 10-11
grau de, no ambiente, 11
integração, 10-11
quantidade de, 10-11
capacidade de preocupação
desenvolvimento infantil da, 46-47
progressão, 103-105
celebração
conceito de, do analisando, 126-128
de crianças, 125-127
do brincar, 115-116
processo de maturação das crianças, 126-127
centro de gravidade da consciência, 25-26
chegada de ganhos secundários, vida delinquente, 108-109

chupar o polegar, objeto transicional, 49-51
coexistência, mãe e bebê, 19-20
Coltart, Nina, 127-128
complexo de Édipo, 121-122
comunicação
consciência e inconsciente, 62-64
self, 62-64
conhecido não pensado, 5, 62-63, 119-120, 130-131
teoria do, 128-129
consulta de psicoterapia, 108-110
continuidade do ser
conceito de Winnicott de, 7-9
criança e, 14-17
evolução do *self*, 14-15
contratransferência, 62-63, 140-141
criação de símbolos
objeto transicional, 134-136
crianças
brincando, 113-114
celebração de, 125-127
conhecido não pensado de, 128-129
liberdade para brincar, 107-109
crianças autistas, 26-27
discussão de caso (David), 140-143
fé em trabalhar com, 140-142
projeção de solidão, 68-69
criatividade, 116-117, 131-132
fenômeno, 133-134
pessoal, 117-118
pessoal de Winnicott, 117-119
sessão de Winnicott com paciente do sexo masculino, 118-120
teorias de, 117-118
verdadeiro *self* e falso *self*, 43-44
Crítica da razão pura (Kant), 51-52
crueldade, capacidade para, 45-46
cuidados maternos, criança herdando os, 74-76
culpa, 32-33, 103-111

D

Da Vinci, Leonardo, 116-118
David (discussão de caso), 140-143
delinquência total, 109-110
delinquência, atos antissociais de, 109-110
dependência, 23, 70-71
como fenômeno interno, 74-75
da criança da mãe, 70-72
da mãe, 13-15
fato de, 14-15
senso de *self* e, 71-72
solidão e, 123-124
depressão, 110-111
depressão pós-parto, 122-123

experiência da mãe após o nascimento, 122-123
sem verdadeira realização do *self*, 124-126
desamparo, gravidez e, 13-14
desenvolvimento cognitivo, psicologia infantil, 72-73
desenvolvimento psicológico, 122-123, 136-137
desilusão, onipotência e, 122-123
destruição, 17-18
    prazer em, 90-91
    teoria de Klein, 45-46
destrutividade máxima, 101-102
devaneios. *Ver* sonhos
dimensões evocativas, análise, 128-130
discussão de casos
    Anna, 142-150
    David, 140-143
    sessão de Winnicott com paciente do sexo masculino, 118-120
doença psicossomática, 37-38

E

economia psíquica, 33
educação, implantando moral, 104-105
ego, 35-36
    da criança em estado de não integração, 45-46
    internalização do, dos processos da mãe, 75-76
    travessuras e, 105-107
    prazer, 55-56
    integrações de, em crianças, 21-23
ego inconsciente, 136-137
erotismo muscular, agressão, 93-94
erotismo oral, 49-51
espaço em análise
    como área de experiência, 70-71
    conceito de, 53-54
    transicional, 53-54
espaço potencial
    área transicional do, 70-71
    fazendo uso do, 141-143
    habilidade do analista de preservar o, 72-73
espaço transicional, 53-54
espontaneidade, verdadeiro *self*, 27-28
esquizofrenia
    borderline e, 15-16
    da criança, 46-48
    diagnóstico de histeria, 140-141
estado de *self*, estado de ser e, 129-131
estado de ser, estado de *self* e, 129-131
evocação, palavra, 128-129
evolução do *self*, mental, psíquica e, 73-74
existência fetal, capacidade de experiência da, 7-8

existência psicossomática, 21-22
existência, ser precedendo a, 7-10
existencialismo, esquema para o, 23
experiência
    criança com objeto, 16-18
    dos pais, 18-19
    existência fetal, 7-8
    mãe e bebê, 20-21, 72-74
    onipotência, 69-70
    prazer e destruição da relação sexual adulta, 90-91
experimentação
    área intermediária de, 50-51
    do paciente, 53-54
    espaço como área para, 70-71
    solidão primária, 67-68
externalização, processo de, 96-97

F

facilitação, 17-18
falso *self*, 25-26
    análise do paciente, 43-44
    classificações de Winnicott do, 37-40
    conceito de, 35-36
    da criança, 32-33
    evolução do, 45-46
    termo, 35-36
    verdadeiro *self* e, 42-44
fantasia, 101-102
fantasias
    devaneios e, 54-56
    verdadeiro *self*, 123-125
faz de conta, 58-59, 130-131
fazer, mãe-objeto, 19-20
fé, criança autista, 140-142
fenômeno interno, dependência como, 74-75
fenômeno transicional
    balbuciar da criança como, 50-51
    termo, 49-50
Fenomenologia do espírito (Hegel), 45-46, 51-52
fenômenos do *self* fetal, 69-70
força psíquica, 88-90
formação de símbolos, teoria kleiniana da, 132-134
Freud, Anna, 15-16
Freud, Sigmund, 6-7, 77-78
    ego inconsciente, 136-137
    instinto endopsíquico, 62-63, 90-91
    libertando a sexualidade da criança, 68-70
    psicanálise, 14-15, 28-29
    relacionamento com objetos, 83-84
    temporalidade do inconsciente, 46-48
    teoria da criatividade, 117-118
    teoria da fusão de instintos, 89-90
    vinculando a sexualidade ao artista, 116-118

frustração, 15-16
funcionamento mental, psique, 36-38
funcionamento psicossomático, 35-36
Fundamentos, Os, 5, 9-11, 15-17
fusão de instintos, teoria de Freud da, 89-90

G

Gaddini, Eugenio, 1-2, 132-133
Gaddini, Renata, 1-2, 132-133
gesto, 32-33
Giannakoulas, Andreas, 1-2
Giannotti, Adriano, 1-2
grande mudança, da vida fetal para a existência no mundo exterior, 68-70
gratificação, 15-16
    bebê, 59-60
    bebê com objeto, 16-18
    compreensão, 28-29
    mãe e bebê, 18-20
    satisfação do prazer, 31-32
gravidez
    capacidade de *holding* para o bebê, 13-15
    experiência de aprendizagem psicobiológica, 13-14
    funções da, 13-14
    preparação da mãe, 13-14
    suficientemente boa, 13-14
Green, Andre, narcisismo primário, 135-136

H

Heidegger, Martin, 5, 67-69
Heimann, Paula, 1-2, 89-90

I

identificações projetivas, 82-83
    contra, 84-85
    mãe e transtornos depressivos, 84-85
    papel e função das, 84-85
    teoria das, 83-84
    verdadeiro *self*, 41-43
idioma próprio, 55-57, 62-63, 75-76, 123-125, 129-130, 137-138
    chegada do, 136-137
    do bebê, 79-80, 81-82
    da pessoa, 31-32, 37-38, 74-76
    idioma próprio no ser, 26-27, 62-63
    materna, 14-15, 79-80
    potencial, 76
ilusão
    do seio, 58-60
    função da, 58-60
    mãe criando um novo espaço para o bebê, 70-71

realidade e, 121-123
segurança da, 58-59
sonhos, 57-59
uso da, 130-131
imaginário, Lacan, 39-40
impulso criativo, 116-118
impulso destrutivo, 101-102
inconsciente
    atemporalidade, 136-138
    teoria de Freud do, 45-47
incorporação
    elementos sensacionais de, 78-79
    substancialidade, 78-80
independência, 23
instinto, prazer e, 28-29
instintos de vida e morte, 6-7, 71-72
intercomunicação, criança e mãe, 63-64
interpretação dos sonhos, A (Freud), 69-70
intersubjetividade, termo, 73-74
introjeção, ato de, 79-80
intrusão, 7-8-8-9
inveja destrutiva, 72-73
inveja do pênis, 118-120
Istituto di Neuropsichiatria Infantile, 1-2

J

James, Martin, 127-128
jouissance, 89-90
    da criança, 91-92
    ideia de, 89-90

K

Khan, Masud, 51-52
Klein, Melanie, 14-15, 45-46, 64-65, 113-117
    libertando a psicose das correntes do preconceito, 68-69
    mundo dos objetos, 117-118
    relacionamento com objetos, 75-76, 80-81, 83-84
    teoria da criatividade, 117-118
    teoria da identificação projetiva, 83-84

L

Lacan, Jacques, 39-40, 116-117, 129-133
libido, 28-29, 88-90, 122-123
little women grow, 146-147
livre associação, 129-130
ludicidade, experiência de, 51-52

M

mãe

Índice

administração da, 20-21
ambiente, 20-21, 63-64, 87-89, 91-92
Anna (estudo de caso), 142-148
capacidade de *holding* para o bebê, 13-15
como objeto transformacional, 73-74
cuidados infantis, 18-19
demandas do, para as crianças, 75-76
dependência do bebê da, 72-74
depressão após o nascimento, 122-123
experiência psíquica do movimento fetal, 94-95
função da, de contenção, 41-42
função da, de integrar o bebê, 31-32
mundo interno do adolescente, 101-102
não suficientemente boa, 16-18, 80-81
o foco de Winnicott na contribuição da, 46-47
objeto, 19-21, 63-64, 87-89
objeto excitante, 20-21
suficientemente boa, 16-18, 33, 59-60, 69-70, 74-75, 80-81
Ver também mãe-objeto
mãe-ambiente
ataque da criança, 89-90
diferenciando mãe-objeto e, 87-89
experiências da criança, 19-20
jouissance da criança, 91-92
mediação de conflitos, 91-92
necessidades da criança, 20-21
posição esquizoparanoide e, 91-92
mãe-objeto, 87-89
diferenciando mãe-ambiente e, 87-89
necessidades da criança, 20-21
reconhecimento da criança de, 19-20
material clínico, análise de, 52-54
Melville, Herman, 124-125
membrana limitante, desenvolvimento infantil, 21-22
mente
códigos morais, 104-106
psique e, 35-36, 135-136
psique-soma, 35-37
Messias, paciente maníaco-depressivo como, 43-44, 46-48
metapsychology of Christopher Bollas, The (Nettleton), 4
Milner, Marion, 51-52, 113-114, 126-127
moral, culpa, 103-111
moralidade
colisão entre natureza e, 106-107
desenvolvimento interno da criança, 105-106
morrer, estar vivo e, 74-75
movimento corporal livre, da criança, 25-26
mundo interno, 27-28
mãe e pai no, do adolescente, 101-102
pessoa esquizoide, 42-43

N

não comunicação
conceito de simples, 61-63
estabelecendo o senso de realidade, 63-65
não comunicação simples
conceito de Winnicott de, 61-63
necessidade de comunicação e, 63-64
não integração, conceito de, 45-46
narcisismo, 18-19, 28-29
narcisismo primário, Green sobre o, 135-136
nascimento, características do normal, 8-9
Natureza humana (Winnicott), 5
natureza humana, mundos interno e externo, 50-51
Nettleton, Sarah, 4
neurose obsessiva, 37-38
núcleo até a superfície, 25-26

O

O brincar e a realidade (Winnicott), 52-53
O mal-estar na civilização (Freud), 107-108
objeto precursor de Gaddini, 132-133
objeto transformacional, mãe como, 73-74
objeto transicional
chupar o polegar, 49-51
como objeto interno, 130-132
conceito de, 99-100
criação de símbolos, 134-136
criança fazendo a realidade, 132-133
espaço transicional e, 58-59
função do pai na relação da criança com o, 131-133
identificação com a mãe, 133-135
noção de área intermediária, 49-51
psicanalistas das décadas de 1950 e 1960, 135-136
termo, 49-50
uso da língua ou do polegar pela criança, 132-133
objeto(s)
apresentando, 71-73
aranha, 60
cobertor ou ursinho de pelúcia, 57-58
criança descobrindo por meio da ação, 95-96
experiência da criança do, 74-75
ilusão do mundo das crianças, 69-70
ligando a psique-soma com o uso do, 17-18
necessidade da criança e relação com, 20-21
resistência e atração, 124-125
sono, 57-59
técnica de cuidados da criança, 74-76
teoria lacaniana, 117-118
uso do objeto primário pela Anna (caso), 144-146

verdadeiro *self* brincando com, 114-115
Ver também uso dos objetos
ódio
  capacidade para o, 97-98
  como sinal de civilização, 96-98
  possibilitando a destruição, 106-108
onipotência, 14-16, 31-32, 69-70, 114-115, 122-123
Oxford University Press, 2-4

P

paciente histérico, pacientes *borderline* e, 139-141
paciente maníaco-depressivo
  bebê, 46-48
  exemplo de, 43-46, 126-128
  Messias, 43-44, 46-48
pacientes *borderline*
  esquizofrênicos e, 15-16
  paciente histérico e, 139-141
  personalidade, 10-11
pai
  Anna (estudo de caso), 142-143, 145-148
  criança pequena e, 75-76
  delinquência e, 109-110
  demandas do, para as crianças, 75-76
  mundo interno do adolescente, 101-102
  relação da criança com transicional, 131-133
pais
  capacidade de autorreflexão, 119-120
  implantando moral, 104-105
  perda mútua de ideais pelas crianças e os, 110-111
  relacionamento entre pais e criança, 55-57
  treinamento do uso do banheiro para crianças, 105-106
  Ver também pai; mãe
pensamento, 5
percepção endopsíquica, 68-69
  teoria de Freud, 62-63, 90-91
personalidade, 44-45
  criança, 22-23
  inúmeros elementos de, 129-130
  percepção de, 78-79
  solidão original e, 61-62
  verdadeiro *self* da, dividida, 64-65
personalização, 42-43, 129-130
pessoa esquizoide, mundo interno, 42-43
Phillips, Adam, 4
posição esquizoparanoide, 91-92, 95-97, 117-118
potencial de personalidade, 26-27
potencial herdado, 81-82
prazer, 51-52
  do ego corporal, 55-56
  experimentação do, 51-52
  instinto e, 28-29

satisfações duplas do, 31-32
vivacidade do, 28-29
preocupação materna primária, teoria da, 13-14
psicanálise, 64-65
  clássica, 53-56
  como forma de teatro, 51-52
  diagnóstico de histeria, 139-141
  história da, 68-70
  interpretação de transferência, 52-53
  período de hesitação, 59-60
  prazer e agressão, 93-94
  relacionamento com objetos, 81-82
  surgimento do verdadeiro *self* da pessoa, 129-130
  teoria da, 14-15
  Winnicott sobre a, 18-19, 28-29
psicologia do ego, 44-45
psicologia infantil, acadêmica, 72-73
psicoterapia
  estudo de caso (Anna), 142-150
  estudo de caso (David), 140-143
  face a face, 60
psique, 35-36, 76
  ações do outro na, 84-85
  diferença entre mente e, 135-136
  funcionamento mental, 36-38
  mente e, 19-20, 37-38
  potencial do verdadeiro *self*, 41-43
psique-soma, 35-37
pulsão de morte, 7-8, 117-118, 136-137

R

realidade
  criação pessoal da, 110-111
  crianças fazendo a, 132-134
realidade emocional, 11
realidade externa, 53-54, 64-65
realidade interna, 53-54
realidade mediada, criança e mãe, 32-33
realidade pessoal interior, 27-29
realidade viva, verdadeiro *self*, 32-33
relação sexual adulta, prazer e destruição, 90-91
relacionamento com objetos
  análise do, internos, 82-83
  conceito de Winnicott de, 83-84
  conceito psicanalítico de, 79-80
  identificações projetivas, 82-85
  incorporação, 78-80
  informativo, 80-81
  introjeção, 78-80
  mãe e bebê, 80-84
  seio da mãe, 77-81
  teoria do, 99-101
  termo, 99-100
  transformações, 77-79

Índice

relacionamento do ego, termo, 55-57
relações com objetos externos, 93-96
relações com objetos internos, 93-94, 147-149
    objeto transicional como, 130-132
reparação, 46-47
    adultos, 46-47
    da criança, 46-47
    paciente maníaco-messiânico, 46-48
repetição da brincadeira das crianças, 127-129
representação simbólica pela criança, 41-42
repressão no modelo freudiano, 46-47
reunir experiências, 14-16

S

sadismo oral, 18-21
Sartre, 67-69
seio
    como objeto para relacionar-se, 77-81
    ilusão do, 58-60
self
    celebrando a independência do, 126-127
    desenvolvimento do, 121-122
    evolução do, 19-20
    ideia de construção de um, 71-72
    libertando o, como feto e bebê, 68-70
    que não se comunica, 62-63
    teoria de Winnicott do, 26-60
sensualidade
    agressão e sexualidade, 22-23
    vivacidade, 28-29
ser
    conceito de Winnicott de, 67-69
    continuidade do, 67-68
    existência anterior, 7-10
    vivacidade e, 9-10, 11, 67-69
ser em si mesmo, 67-69
ser para si mesmo, 67-69
sexualidade, 28-29
    agressão e, 18-20
    comportamento impulsivo, 22-23
    liberta de Freud, 68-70
silêncio, 55-56, 61-62
simbolismo, teoria do, 32-33
simbolização, 132-134
sociedade, implantando moral, 104-105
solidão
    a ideia de Winnicott de, 68-69
    como estado essencial, 6-7
    crianças autistas e, 68-69
    elemento do *self* na, 26-27
    estado de relaxamento total e, 64-65
    lembrando da experiência, 67-68
    não comunicação e, 63-65
    original, 61-62
    reflexões sobre a, 5

silêncio, 61-62
tipo de, 123-124
transição para a dependência, 123-124
soma, psique, 35-36, 76
sonhos
    fantasias e devaneios, 54-56
    ilusão, 57-59
    sono e, 57-58
    verdadeiro *self*, 123-125
sono
    medo do escuro, 57-58
    objetos e, 57-59
    posição fetal no, 69-70
    sonhos e, 57-58
subjetividade, 132-134
superego, 107-108
    Anna (estudo de caso), 145-146

T

tempo
    experiência do, 9-10–11
    materno, 137-138
tendência antissocial, 108-109
teoria das relações de objetos
    a revisão de Winnicott da, de Klein, 75-76
    estado de ser e estado de *self*, 129-131
teoria das relações entre sujeitos, 79-80
teoria lacaniana, crianças e objetos, 117-118
terapeuta, brincadeira, 113-116
The dawn of oblivion (Bion), 69-70
trabalho de uma análise, 55-56
trabalho interpretativo, verdadeiro *self* e, 43-44
transferência, 52-53, 62-63
    interpretação da agressão na, 95-97
    interpretações da, 52-53
    negativa, 72-73
    uso do objeto, 98-99
transicionalidade
    conceito de, 130-131
    definição, 50-51
treinamento esfincteriano, 105-106
Tustin, Francis, 1-2

U

University of Rome, 1-2
uso do objeto
    conceito de, 99-100
    conceito de Winnicott de, 87-88
    mãe-ambiente vs. mãe-objeto, 87-92
    movimento de transferência, 98-99
    reintroduzindo os princípios do, 110-111
    relacionamento com objetos e, 101-102
    teoria do, 100-102

uso do objeto primário, Anna (estudo de caso), 144-146

V

verdadeiro *self*
    articulação livre do, 96-98
    brincando com objetos, 114-115
    conceito de, 25-26, 130-131
    cuidados maternos para o, 25-27
    depressão sem a descoberta do, 124-126
    espontaneidade, 27-28
    evolução do, 7-9, 41-42
    experimentando o, 55-56
    falha no desenvolvimento do, 41-42
    falso *self* e, 38-40, 42-44
    identificações projetivas do, 41-43
    o ser no mundo interior, 75-76
    objeto transicional, 62-63
    ódio e, 107-108
    potencial de projeção da psique da criança, 41-43
    psicanálise e, 62-63
    psique, 76
    realidade viva do, 32-33
    satisfação do prazer, 31-32
    sonhos e fantasias, 123-125
    teoria freudiana, 46-47, 54-55
    termo, 25-26, 35-36
    vida moral, 105-106
    vivacidade, 26-28
Via Sabelli, 1-2
vida esquizoide, base da, 17-18
vida moral, verdadeiro *self*, 105-106
vivacidade
    conceito de Winnicott de, 67-69
    criança e, da mãe, 18-20
    elaboração imaginativa física da, 21-22
    estado antes, 6-7
    não vivacidade até, 9-10
    sensualidade e prazer, 28-29
    ser e, 11, 67-69
    verdadeiro *self*, 26-28
vivendo com
    a mãe e cuidados infantis, 18-19
    qualidade de, 18-20
    relacionamento com objetos, 19-20

W

Winnicott, Clare, 127-128, 137-138
Winnicott, DW, 1-2
    análise com um paciente, 118-120
    avaliando bebês e mães, 16-17
    bebê copiando a técnica materna de cuidar, 79-80
    conceito do ser, 67-69
    criatividade de, 117-119
    desejando estar vivo na própria morte, 137-138
    diferença entre mente e psique, 135-136
    forma de vida criativa, 117-118
    home again, 107-109
    revisão da teoria kleiniana das relações com objetos, 75-76
    teoria da espátula, 59-60
    trabalhando com mães e bebês, 81-82

Z

zonas erógenas, 90-91
zonas erotogênicas, 22-23